Ewald Rahn

Borderline verstehen und bewältigen

Ewald Rahn

Borderline verstehen und bewältigen

Unter Mitwirkung von Patientinnen und Patienten sowie der Mitarbeiterinnen und Mitarbeiter der Station 12.3 der Westfälischen Klinik in Warstein.
Mit einem Selbsthilfebogen von Andreas Knuf

BALANCE ratgeber

Rahn, Ewald:
Borderline verstehen und bewältigen
Neuausgabe 2007
ISBN: 978-3-86739-006-4

Bibliografische Information der Deutschen Bibliothek
Die Deutsche Bibliothek verzeichnet diese Publikation
in der Deutschen Nationalbibliografie;
detaillierte bibliografische Daten sind im Internet unter
http://dnb.ddb.de abrufbar.

Originalausgabe: Psychiatrie-Verlag, Bonn 2002
Lektorat: Uwe Britten, textprojekte, Geisfeld
Umschlagkonzeption: p.o.l. kommunikation design, Köln
unter Verwendung einer Fotografie von Christof Schürpf, Luzern
Typografie, Illustrationen und Satz: Iga Bielejec, Nierstein
Druck und Bindung: Clausen & Bosse, Leck

Dieses Buch ist ein Gemeinschaftswerk von betroffenen Menschen und professionellen Helfern. Die Idee entstand bei der gemeinsamen Arbeit auf einer Station der Westfälischen Klinik in Warstein zur Behandlung von Patienten mit Anpassungs- und Persönlichkeitsstörungen, auf der die Menschen mit Borderline-Persönlichkeitsstörungen die größte Gruppe bilden.

Zunächst zeigte sich dort, wie wichtig und hilfreich Informationen über die Störung für die Betroffenen sind. Darüber hinaus wurde immer wieder deutlich, wie vielfältig die Bewältigungsmöglichkeiten sind und wie sehr die Betroffenen durch einen offenen Austausch gegenseitig voneinander profitieren können. Dies erschließt neue Wege zur Selbsthilfe.

Der Mix aus Informationen über die Erkrankung und den Beiträgen der Betroffenen stellt das Besondere dieses Ratgebers dar. Er wendet sich sowohl an diejenigen, die sich mit der Frage beschäftigen, ob sie an einer Borderline-Störung leiden, als auch an jene, die sich mit der Bewältigung der Erkrankung beschäftigen.

Die Borderline-Störung findet in der Fachwelt, aber auch in der Öffentlichkeit zunehmend Beachtung. Diese höhere Aufmerksamkeit hat positive wie negative Aspekte. Zunächst wird auf eine Leidensform hingewiesen, die für viele Menschen existenziell ist, und es ergeben sich Möglichkeiten der Hilfe und Selbsthilfe. Der inflationäre Gebrauch des Begriffs macht ihn aber auch unklar und schwammig. Es droht die Pathologisierung verschiedenster Phänomene ebenso wie die willkürliche Etikettierung von menschlichen Eigenschaften als krank oder abnorm. So kann es durchaus sein, dass Personen diesen Ratgeber lesen, die mit der *Diagnose* Borderline-Persönlichkeit konfrontiert worden sind, die aber im Laufe der Lektüre feststellen, dass diese Diagnose die eigenen Probleme nicht erklärt. Ohnehin soll durch diesen Ratgeber deutlich werden, dass die Auseinandersetzung mit der Diagnose nur ein Teil des Problems und der Problemlösung darstellt und dass vor allem dem subjektiven Erleben eine Schlüsselrolle zukommt. Die Lesenden tun daher gut daran, ihre kritische Distanz nicht aufzugeben. Die Beschreibung seelischer Erkrankungen ist immer auch mit einer Vereinfachung verbunden und nicht jedes subjektive Schicksal findet sich in dieser oder anderer Form bei allen Betroffenen wieder.

Dieses Buch wäre ohne die Bereitschaft der Betroffenen zur Mitarbeit nicht möglich gewesen. Ihre Offenheit und ihre Ernsthaftigkeit, mit denen sie die eigenen Probleme darstellten und an dem Ratgeber mitwirkten, waren zuvor nicht zu erwarten und haben eindrucksvoll bestätigt, wie fruchtbar die Zusammenarbeit zwischen Betroffenen und professionellen Helfern sein kann. Die Beiträge der Betroffenen sind im Text als Antworten auf Fragen wiedergegeben. Die Vielfältigkeit bei diesen Antworten zeigt nicht nur die unterschiedlichen Ebenen der Symptomatik an, sondern zeigt in eindrucksvoller Weise, welch unterschiedliche Formen der Bewältigung entwickelt werden können.

Wir wünschen den Leserinnen und Lesern des Ratgebers in diesem Sinne, dass sie das Buch dazu nutzen können, einen eigenen konstruktiven Weg zur Lösung von Problemen zu entwickeln.

EWALD RAHN, *im Januar 2007*

Lange bevor eine psychiatrische Diagnose gestellt wird, merken die Betroffenen, dass mit ihnen irgendetwas nicht »stimmt«. Damit ist die erste Diagnose immer eine Selbstdiagnose. Zudem haben die meisten psychiatrischen Erkrankungen eine Vorgeschichte. Die ersten Anzeichen der Störung reichen nicht selten bis in die früheste Kindheit zurück. Dies gilt in besonderer Weise für die sogenannten Persönlichkeitsstörungen, zu denen das Borderline-Syndrom gehört, denn Persönlichkeitsstörungen entstehen aus einem Missverhältnis von äußeren Anforderungen sowie vorhandenen bzw. im Laufe der Entwicklung erworbenen Fertigkeiten und Eigenschaften.

Syndrom ▶ Als ein Syndrom wird in der Medizin eine Bündelung von Symptomen verstanden, die typischerweise gemeinsam auftreten.

MERKE **Einer psychischen Krankheit geht in der Regel eine Entgleisung voraus, die aus einem Missverhältnis von Anforderungen und vorhandenen Fertigkeiten und Eigenschaften entsteht (Stress-Diathese-Modell psychischer Krankheiten).**

Störungen stehen immer in Bezug zum gegenwärtigen Leben und zum Lebensszyklus. Diese werden von der körperlichen, seelischen, aber auch von der sozialen Entwicklung bestimmt. So wird die Kindheit von der Jugend, das junge Erwachsenenalter vom mittleren Alter und schließlich das Alter von der Hochbetagung unterschieden. Jeder Lebenszyklus ist von spezifischen Aufgaben geprägt, deren Bewältigung das Leben weitgehend bestimmt, etwa die Partnersuche oder die Berufsfindung im jungen Erwachsenenalter. So erklärt sich der jeweilige Entwicklungsbedarf, aber auch die Erwartungen, die ein Mensch an sich selbst stellt und die von der Umgebung an ihn herangetragen werden. Das Rüstzeug für die Bewältigung der Aufgaben wird zu einem Teil in der vorausgegangenen Lebensphase erworben, einiges muss jedoch neu entwickelt werden. So ergibt sich die Frage, auf welche Quellen man zurückgreifen kann und welche Fertigkeiten neu hinzukommen müssen. Auf diese Art und Weise können jedoch auch die Probleme von einer Lebensphase in die nächste übernommen werden. Lösungen, die für eine bestimmte Lebensphase Gültigkeit hatten, können später zu einem Hindernis werden. Die Borderline-Störung ist in diesem Sinne eng mit der Phase der Jugend und des frühen Erwachsenenalters verbunden.

Eine seelische Erkrankung wird dann wahrscheinlicher, wenn es auf diesem Weg zu einer Entgleisung kommt. Die Borderline-Störung drückt sich in der Kontinuität der eigenen Entwicklung aus und ist gleichzeitig eine neue und ungewöhnliche Krisenerfahrung. Die Verankerung der Störung in der Kontinuität des eigenen Lebens bedingt, dass die Störung zunächst nicht als eine Krankheit erkannt wird. Erst wenn über einen längeren Zeitraum die eigenen Erwartungen nicht erfüllt werden, wenn eigene Bewältigungsversuche scheitern und es zu ersten Reaktionen der Mitmenschen kommt, dann dringen die Probleme zunehmend in das Bewusstsein. Die in diesem Zusammenhang regelhaft entstehenden Symptome haben dabei einen gewissen Signalcharakter, ebenso das von den Symptomen ausgehende Leid.

Die Borderline-Störung zeigt sich vor allem in Störungen des Selbstbildes und im zwischenmenschlichen Kontakt (Kernphänomene). Die Symptome der Erkrankung weisen eine unterschiedliche Nähe zu diesen Kernphänomenen auf. So kommt etwa selbstverletzendes Verhalten bei der Borderline-Störung gehäuft vor und wird oft mit dieser Störung verknüpft, entsteht aber erst als Reaktion (als Selbstheilungsversuch) auf die Störungen. Werden die Probleme und Symptome offensichtlich, dann werden sie von dem Betroffenen und vom sozialen Umfeld von Wertungen begleitet. Die Art der Bewertung hat einen großen Einfluss auf den Umgang mit den Problemen und löst Emotionen aus, etwa Schuld- und Schamgefühle. So wird die Ordnungsliebe zur Pedanterie, die Kreativität zur Unstetigkeit. Wertungen und Erwartungen helfen in der Regel bei der Orientierung in einer komplexen Umwelt. In der Krise können jedoch Wertungen die Probleme sogar verschärfen und den Blick auf Lösungen verstellen. So stellt die Tendenz vieler Betroffener, sich insgesamt als Person in Frage zu stellen, eine weitere Leidensquelle dar.

MERKE **Störungen des Selbstbildes und des zwischenmenschlichen Kontaktes sind Kernphänomene von Persönlichkeitsstörungen.**

Innerseelisches Erleben

Von einer »Störung« und als deren Sonderform von einer »Erkrankung« kann erst gesprochen werden, wenn im Zusammenspiel von Lebensaufgaben und Bewältigungsmöglichkeiten Probleme auftauchen, die aus eigener Kraft nicht gemeistert werden können und in deren Folge Krankheitssymptome entstehen. Die Folge der Symptome ist vielfach ein Krankheitsgefühl, also die Feststellung, dass etwas nicht in Ordnung ist. Jetzt erst sind die Voraussetzungen geschaffen, dass eine Form der Krankheitseinsicht entwickelt wird.

Diese Zusammenhänge sollen an einem Beispiel verdeutlicht werden.

BEISPIEL ■ Frau B. wächst als Kind unter gesicherten materiellen Bedingungen auf. Die Eltern haben jedoch große Schwierigkeiten im Zusammenleben mit den Großeltern und den Geschwistern. So wächst Frau B. in einer Atmosphäre auf, die von Familienkonflikten geprägt ist. Besonders schmerzlich ist ihr die durch Erbstreitigkeiten bedingte Trennung von den Großeltern. Schwierig ist zudem die Beziehung zu ihrer jüngeren Schwester, zu der ein ausgesprochenes Konkurrenzverhältnis besteht. Die Schwester ist lebhafter und körperlich aktiver als Frau B. ■ Aufgrund der familiären Konflikte vermitteln die Eltern Lebenseinstellungen, die durch Misstrauen, Angst vor Ungerechtigkeit und Feindseligkeit geprägt sind. Insbesondere der Vater vertritt die Auffassung, dass allein Ehrgeiz und Fleiß gelten und dass Hilfe von anderen nicht zu erwarten sei. Wegen der Erfahrungen in der gesamten Familie haben die Eltern einen starken Wunsch nach Harmonie. Vor diesem Hintergrund werden die Konflikte mit der Schwester als besonders störend empfunden. Die Eltern sind außerdem durch die beruflichen Anforderungen belastet. Diese Belastungen entladen sich immer wieder in heftigen Konflikten. Aufgrund des Harmoniebedürfnisses wird, nachdem sich die Emotionen wieder normalisiert haben, nicht mehr über die Auseinandersetzung gesprochen. ■ Im Rahmen solcher Konflikte wird Frau B. immer wieder vom Vater geschlagen. Sie erinnert sich vor allem an ein Ereignis: Sie hatte als 17-Jährige soeben ein Fest veranstaltet, als plötzlich die Eltern vorzeitig aus dem Urlaub zurückkehrten. Wegen der Unordnung kommt es zu einer Auseinandersetzung. Der Vater erregt sich sehr, schlägt auf seine Tochter ein und beschimpft sie als Hure. Er selbst kann sich in späteren Jahren an dieses Ereignis nicht mehr erinnern. ■ Die Eltern schildern aus ihrer Sicht, dass Frau B. lange ein sehr liebenswürdiges Kind gewesen sei. Erst in der Pubertät hätten die Probleme angefangen. Ihnen sei sie sehr launisch und aggressiv vorgekommen. Eigentlich habe man mit ihr nicht mehr sprechen können. Sie habe alle ihre Ratschläge sofort abgelehnt und sich nie mit ihren Meinungen wirklich auseinandergesetzt. Außerdem habe es ständig Konflikte wegen des Essens gegeben. Frau B. habe nie etwas essen wollen, sei reichlich abgemagert und habe dafür die elterlichen Essgewohnheiten verantwortlich gemacht. ■ Frau B. hat nur wenige Freunde. Nach der Schule beginnt sie mit einem Studium und lernt einen Partner kennen. Sie schätzt vor allem dessen Geduld und Warmherzigkeit, fühlt aber keine wirkliche Liebe und äußert immer wieder starke Kritik an ihm. Trotzdem planen beide eine gemeinsame Zukunft, obwohl sie noch nicht zusammenwohnen. ■ Bei vielen Dingen fühlt sich Frau B. unvollkommen, sie ist unzufrieden, oft unglücklich. Sie glaubt, dass mit ihr etwas nicht in Ordnung und dass sie anders als andere sei. Obwohl sie sich den Anforderungen des Studiums durchaus gewachsen fühlt, macht ihr die soziale Isolation sehr zu schaffen. Sie erzählt ihren Eltern von ihrer Unzufriedenheit, trifft bei ihnen aber auf Unverständnis. Sie reagiert wütend und zieht in einer Nacht-und-Nebel-Aktion von zu Hause aus. In der eigenen Wohnung fühlt sie sich danach aber nicht besser, sondern es fällt ihr sehr schwer, sich allein in der Wohnung aufzuhalten. Sie vernachlässigt ihre Ernährung und die Ausbildung und kehrt nach einigen Wochen ziemlich »heruntergekommen« zu den Eltern zurück. Sie fühlt sich nun außer Stande, ihren alltäglichen Verpflichtungen nachzugehen. Meist bleibt sie den ganzen

Tag über im Bett. Trotzdem fühlt sie sich weiterhin erschöpft, zumal es fortlaufend zu Auseinandersetzungen mit den Eltern kommt. Es entwickelt sich ein Muster, bei dem die Eltern immer wieder Forderungen und Ratschläge äußern, welche von Frau B. zurückgewiesen und abgelehnt werden. ■ Nach einigen Monaten ergreift dann der Vater die Initiative und bemüht sich um eine Klinikaufnahme. ■ Die Auseinandersetzungen mit den Eltern führen immer wieder zu chaotischen Situationen, in denen Frau B. geradezu »ausrastet«. Danach fühlt sie sich äußerst deprimiert und denkt daran, sich das Leben zu nehmen. ■

Es ist alles andere als leicht, das innerseelische Erleben der Menschen mit einer Borderline-Störung zu beschreiben. Oft fallen Worte wie »Chaos« oder »Spannung« etc., die allesamt darauf hinweisen, wie sehr Emotionen das Leben bestimmen. Dazu gehören extreme Stimmungen und auch große Stimmungsschwankungen. Auf der anderen Seite berichten Betroffene, wie sehr sie an innerer Leere leiden, sich aufgrund eines inneren Mangels eine quälende Langeweile einstellt, wie schlecht sie mit dem Alleinsein zurechtkommen und wie groß der Wunsch nach Verständnis und Wärme sei. Die inneren Spannungen können sich in regelrechten Ausnahmezuständen entladen, in denen die Kontrolle über den eigenen Körper und die eigene Seele abhandenkommt. Dieser extreme innere emotionale Zustand fordert Gegenreaktionen heraus, die unterschiedliche Wirkungen haben können. Hier kann die Neigung entstehen, den inneren Reiz mit einem mindestens ebenso intensiven Gegenreiz zu beantworten. Es entwickeln sich Verhaltensweisen, die von außen betrachtet widersinnig erscheinen, etwa selbstverletzendes Verhalten, hoher Alkoholkonsum und Drogenmissbrauch. Daraus entsteht nicht selten eine Art Teufelskreis, denn weder der auslösende Reiz noch die Reaktion darauf können zufrieden stellen. Gefühle beeinflussen zudem wesentlich Beurteilungen und Entscheidungen. Sind Gefühle nicht zuverlässig, ist auch die Entwicklung einer stabilen Haltung zur Umwelt erschwert. Dies gilt insbesondere in Situationen, in denen zwiespältige Gefühle entstehen. Derartige Beeinträchtigungen können auf Dauer nicht ohne Auswirkungen auf das Selbstbild bleiben, denn »Selbst« bedeutet ja auch, mit sich zufrieden sein zu können und so etwas wie eine innere Sicherheit zu haben. Begriffe wie Selbstbewusstsein, Selbstwertgefühl und Selbstständigkeit erklären sich so. Etwa schreibt eine Betroffene: »Natürlich komme ich mit mir nicht klar und das Leben mit mir selbst bedeutet eine immense Belastung – und das noch nicht mal nur für mich.«

Es ist sicherlich kein Zufall, dass sich die Borderline-Störung gerade im jungen Erwachsenenalter bemerkbar macht, weil in dieser Zeit entscheidende Schritte in der Identitätsentwicklung vollzogen werden. Die Suche nach einem neuen Lebensschwerpunkt und die Notwendigkeit, wegweisende Entscheidungen zu treffen, führen ohnehin bei vielen zu einer mehr oder weniger ausgeprägten Verunsicherung. Diese wird durch die Borderline-Störung noch deutlich verstärkt, sodass es gelegentlich unmöglich wird, eine stabile Identität auszubilden. Dann bleiben einzelne Fragmente der Identität ohne wirkliche Verbindung nebeneinander bestehen (multiple Persönlichkeit). Der fehlende Draht zur eigenen Identität und das damit verbundene quälende Gefühl der Unsicherheit wirken sich auch auf die Wahrnehmung aus. Meist ist es eine Art Flucht aus der Realität in eine Traumwelt (Dissoziation), in der sich das Gefühl vom eigenen Körper und der eigenen Realität aufzulösen droht. Gelegentlich geht im Rahmen einer psychotischen Krise der Bezug zur Realität völlig verloren.

Die ständigen Belastungen führen bei einigen Menschen zu der Vorstellung, dass ausschließlich durch den eigenen Tod eine Entlastung möglich sei. Viele Betroffene denken daher ständig darüber nach, dem Leben ein Ende zu setzen. Andere wiederum versuchen der inneren Unausgewogenheit, den starken Spannungen und der veränderten Wahrnehmung durch ständige Kontrolle der eigenen Gefühle, Gedanken und Handlungen zu begegnen. Kontrolle wird so zum zentralen Element des Lebens, wobei häufig auch die Mitmenschen mit einbezogen werden. Die Beschäftigung mit Kontrolle äußert sich etwa durch Ess-Störungen, die häufig im Zusammenhang mit der Borderline-Störung entstehen.

In einer Situation, in der die Fundamente des Lebens ganz und gar nicht solide sind, ist die Unterstützung durch andere Personen wie Familienangehörige, Freunde und Partner besonders wichtig. Eine Betroffene schreibt, etwas sei nur möglich, »weil mein Freund sich um mich kümmert und nicht zulässt, dass ...«. Wenn das eigene Verhalten so stark von Stimmungsschwankungen geprägt ist, wird der Aufbau von verlässlichen Beziehungen aber schwierig, zumal die anderen auf einige Verhaltensweisen der Borderline-Störung mit Unverständnis oder sogar mit Ablehnung reagieren. So entsteht ein Muster von ständig wechselnden Beziehungen und häufigen zwischenmenschlichen Konflikten und Spannungen.

Spaltung ▶ Im Zusammenhang mit den Auswirkungen der Borderline-Störung auf die soziale Umwelt wird oft der Begriff »Spaltung« verwendet. Damit ist ein Mechnismus gemeint, bei dem der Betroffene innere Konflikte in die Umgebung projiziert oder überträgt (Externalisierung). Dabei werden vor allem Spannungen und Unterschiede übertragen, wodurch nicht selten Auseinandersetzungen und Streitereien ausgelöst werden. Auch wenn dies von Seiten des Betroffenen keinen aggressiven Akt darstellt, löst die Spaltung doch oft Feinseligkeit und Ablehnung aus und entzieht damit dem Betroffenen die soziale Unterstützung, die er eigentlich dringend braucht. Ursprünglich ist der Begriff der Spaltung eher für einen innerseelischen Mechanismus verwendet worden, wenn nämlich ein innerer Konflikt so bedrohlich geworden ist, dass die verschiedenen Aspekte des Konfliktes nicht mehr gemeinsam betrachtet werden können.

Wie macht sich die Erkrankung bemerkbar?

Erst wenn die Lösung von Aufgaben dauerhaft nicht gelingt, weil die Voraussetzungen fehlen oder die Anforderungen zu hoch sind, kommt es zur Entgleisung. In der Folge entwickeln sich die Symptome, die auch die Tendenz haben, sich zu stabilisieren und zu verstärken. Bestimmte Symptome werden zu einem festen Bestandteil des Lebens, sodass sich die Vorstellung verfestigt, die Symptome würden zeitlebens anhalten.

Die Symptome der Borderline-Störung sind dabei sehr vielfältig und »schillernd«. Sie betreffen das innere Erleben, die Emotionen, das Verhalten und die zwischenmenschlichen Beziehungen. Die Emotionen spiegeln das gesamte Spektrum seelischer Empfindungen wider. Extreme Ängste kommen dabei ebenso vor wie übermäßige Wut und Aggression. Oft aber sind die Gefühle viel elementarer und ungerichteter. Sie werden dann zur Spannung und zur Unruhe. Solche extremen Gefühle fordern eine Reaktion heraus. Viele Betroffene versuchen dann durch zwanghaftes Kontrollieren die Oberhand zu gewinnen, andere sind erschöpft, fühlen sich ausgelaugt und leer oder leiden unter depressiven Verstimmungen. Der ständige Kampf macht mürbe, das erklärt dann auch die »Lebensmüdigkeit«.

Die zahlreichen Versuche zur Spannungsreduktion sind etwa selbstverletzendes Verhalten und Alkohol- und Drogenmissbrauch. All diese Symptome finden sich auch in den folgenden Angaben von Patientinnen und Patienten über die Symptome wieder.

Erkennen

Wie hat sich die Erkrankung bei Ihnen bemerkbar gemacht?

- Ich hatte Schlafstörungen, Albträume, Ess-Störungen, Selbstverletzungen, Suizidversuche, Tabletten-Missbrauch.
- Bei mir waren es häufige und starke Stimmungsschwankungen, wiederkehrende und lang anhaltende Depressionen, viele Suizidversuche und Suizidgedanken.
- Ich habe eigentlich schon früh gemerkt, dass ich »anders« war. Ganz extrem wurde es, als ich mir immer stärkere Verletzungen zugefügt habe. Für mich war mein Verhalten normal. Ich wusste nicht, dass dies alles eine Erkrankung ist.
- Große Stimmungsschwankungen hatte ich schon immer. Haften an Menschen, die mir etwas Gutes getan und die mir Zuneigung gegeben haben. Suizidversuche mit 14 Jahren und -gedanken schon mit 11 Jahren. Flucht in eine eigene Welt, die für mich erträglich war. Verschwommene Realität. Die Erkrankung hat sich bei mir bemerkbar gemacht, als sich herausstellte, dass ich hyperaktiv bin. Hatte immer Aggressionen und bin sofort »hoch«gegangen wie ein HB-Männchen und habe keinen an mich rangelassen.

- Bei mir waren es überstürzende Reaktionen bei Stress. Dann Alkohol und Drogen. Außerdem hatte ich immer ein starkes Schwarz-Weiß-Denken.
- Ich war auffällig durch die Symptomatik von Depressionen, Ess-Störungen, Angst, Zwängen, Sucht. Durch ständiges Scheitern von zwischenmenschlichen Beziehungen in allen Bereichen. Durch das Unvermögen, mit Gefühlen umzugehen. Durch Schwarz-Weiß-Denken. Durch innere Leere und durch das Gefühl von Nichtigkeit. Durch Beziehungslosigkeit zu mir selbst.
- Bei mir traten Probleme vor allem im zwischenmenschlichen Bereich auf. Ich fühle mich schnell angegriffen, selbst bei Lappalien, und werde aggressiv. Habe kein Ziel für mein Leben. Fühle mich oft so verzweifelt, dass ich lieber tot wäre. Habe so schlimme seelische Schmerzen, dass ich oft denke, ich kann nicht mehr. Will dann nur, dass es vorbeigeht und endlich aufhört, kann während der Zeit nicht normal funktionieren. Habe so viele Widersprüche in mir und so ambivalente Gefühle und kann das Chaos nicht beherrschen. Also die inneren Kämpfe sind schlimm, die innere Leere und die Einsamkeit.
- Eigentlich funktioniere ich doch sehr gut, aber ansonsten ... Beziehungen sind meist die emotionale Katastrophe ... fühle mich dann oft für Tage außer Gefecht gesetzt.
- Ich hatte extreme Stimmungsschwankungen, Ängste, Albträume und Depressionen, durch Zwänge ist keine kontinuierliche Arbeit möglich.

Einschränkungen

Bei welchen Aktivitäten fühlen Sie sich eingeschränkt?

- Ich fühle mich bei fast allen Aktivitäten eingeschränkt, die mit Menschen zu tun haben, aber ohne geht es ja auch nicht. Es geht zwar besser, aber ich fühle mich dann so allein, dass es mir auch wieder dreckig geht.
- Insbesondere in der Partnerschaft, zum Teil mit Kollegen, mit Vorgesetzten.
- Die Möglichkeit, spontan zu reagieren, ist mir genommen. Ich überlege einfach zu viel, bevor ich etwas tue, auch bevor ich etwas für mich tue.

MERKE Die Borderline-Störung ist sehr komplex. Sie äußert sich durch eine extreme emotionale Instabilität, im Verhalten und Erleben des Betroffenen sowie im zwischenmenschlichen Kontakt. Viele Symptome der Störung entstehen dabei als Reaktion auf innerseelische Zustände.

Wie hat sich die Erkrankung entwickelt?

Oft berichten Menschen mit einer Borderline-Störung von einer getrübten Lebensgeschichte. Die Störung steht damit in der Kontinuität der bisherigen Lebenserfahrung. Die Betroffenen waren allerdings nicht nur Opfer ungünstiger Entwicklungsbedingungen, sondern waren nicht selten selbst Ausgangspunkt für Probleme und Schwierigkeiten. Die Entwicklungsstörungen entstehen so in der Regel aus einem Wechselspiel von Veranlagung, Temperament und Reaktion der Umwelt.

Bereits zum Zeitpunkt der Geburt verfügen Menschen über eine Vielzahl von Anlagen (Ressourcen). In der weiteren Entwicklung stellen dann die soziale und kulturelle Umgebung weitere Ressourcen zur Verfügung. Aus dieser Erfahrung entsteht ein sehr persönliches Repertoire von Eigenschaften, Fähigkeiten und Fertigkeiten. Abhängig von den zur Verfügung stehenden Ressourcen kann der Erwerb von Fertigkeiten misslingen oder einzelne können überentwickelt werden. Ein Kennzeichen der Entwicklung bei Menschen mit Borderline-Störung ist eine gewisse Unberechenbarkeit, wobei die Schwierigkeiten der Betroffenen, die eigenen Emotionen zu regulieren und die der anderen positiv zu verstärken, eine unheilige Allianz eingehen. Es ist sicher kein Zufall, dass die Eltern vieler Betroffener Suchtprobleme haben, denn gerade Suchtkranke haben Schwierigkeiten, auf die Bedürfnisse der Kinder in konstanter Weise zu reagieren.

Validierung ▶ Strukturen und Einstellungen werden vor allem durch positive Erfahrungen und durch soziale Unterstützung geprägt und gefestigt. Dieses Phänomen wird auch »Validierung« genannt. Aber auch ungünstige Einstellungen und Verhaltensweisen werden auf diesem Weg gelernt, etwa wenn ein Verhalten dabei hilft, eine ansonsten negative Erfahrung zu bewältigen.

Nun sind allerdings Störungen in der Entwicklung eines Menschen die Regel und nicht etwa die Ausnahme. Jeder findet in seiner eigenen Entwicklung Faktoren, die sich ungünstig ausgewirkt haben bzw. die zuerst einmal überwunden werden mussten. Meistens werden solche Störungen entweder von dem Betroffenen selbst oder mit Hilfe von Bezugspersonen ausgeglichen oder »beseitigt«. Dabei spielen Schutzmechanismen eine große Rolle. Außerdem kann eine positive Bezugsperson die Defizite einer anderen durchaus ausgleichen. Gelegentlich sind es beispielsweise die Großeltern, die eine solche Funktion übernehmen, wenn etwa die Beziehung zu den Eltern problematisch ist. Es hängt wesentlich von der Kooperation innerhalb der Familie ab, inwieweit Mängel ausgeglichen werden können.

Die Entwicklung innerhalb einer Familie ist von zwei Faktoren geprägt. Die Familie muss Sicherheit vermitteln und auf der anderen Seite Entwicklungen ermöglichen. Beide Faktoren stehen in einer Wechselbeziehung. In der Regel werden die Funktionen der Familie in der gemeinsamen Kommunikation verwirklicht. Die Atmosphäre innerhalb der Familie bildet den nötigen Hintergrund. Durch die Atmosphäre werden Warmherzigkeit und Feindseligkeit, Fürsorge und Vernachlässigung ebenso ausgedrückt wie die Akzeptanz, die die einzelnen Familienangehörigen genießen. Im Rahmen dieser Atmosphäre hat jedes Familienmitglied eine jeweils eigene Position. Das gibt Sicherheit und ist eng verknüpft mit dem Gefühl der Kontrolle. Diese Kontrolle wiederum ist das Ergebnis des Wechselspiels zwischen dem Behaupten der eigenen Position und dem Ausgleich der unterschiedlichen Interessen der Familienmitglieder. Aus diesem Wechselspiel entwickeln die Einzelnen ihre »soziale Kompetenz«. Über Kontrolle wird auch der Umgang mit Situationen vermittelt und gelernt.

Aber nicht nur diese inhaltlichen Fragen bestimmen die Kommunikation. Die Form der Kommunikation ist ebenso von Bedeutung. Hat das Gegenüber verstanden, worum es mir geht? Hört es mir überhaupt wohlwollend zu? Ist die Reaktion klar genug und steht sie in Beziehung zum Geschehen?

Es ist nicht verwunderlich, dass Fehlentwicklungen immer etwas mit der Entgleisung der Kontrolle zu tun haben. Dies gilt für Vernachlässigungen ebenso wie für familiäre Gewalt und sexuellen Missbrauch. Erlebnisse wirken traumatisch, wenn die Bewältigungsmöglichkeiten des Menschen überfordert werden, etwa weil eine notwendige soziale Unterstützung unterbleibt oder das Zusammenleben von andauernder Feindseligkeit geprägt ist. Charakteristisch für eine solche Traumatisierung ist, dass der betroffene Mensch nicht bewusst auf seine Erfahrungen zugreifen kann und etwa die Erinnerung damit fragmentarisch bleibt.

Aber es ist natürlich nicht nur die Familie, die den Lebensweg eines Menschen prägt. Nicht zu vergessen ist der Einfluss der Schule, der von Freunden und Nachbarn. Dies wird offensichtlich, wenn die Betroffenen Heimerfahrungen haben. Die Gestaltung von Partnerschaften, der Umgang mit Sexualität und die beruflichen Vorstellungen werden sich eher im Kontakt mit anderen sozialen Bezugspersonen entwickeln. Auch diese Erfahrungen können negativ sein, wenn etwa in der Gruppe Drogen- und Alkoholmissbrauch vermittelt wird.

MERKE **Vor der Entstehung der Borderline-Störung lässt sich eine Wechselwirkung zwischen emotionaler Instabilität des Kindes bzw. Heranwachsenden, einer unzureichenden Unterstützung durch die soziale Umgebung und einer fehlenden Vermittlung von Strategien zum Umgang mit Problemen beobachten.**

Es war in der Psychologie und Psychiatrie lange Zeit üblich, allein die früheste Kindheit für die Entstehung seelischer Probleme verantwortlich zu machen und die Bedeutung der gegenwärtigen Situation zu vernachlässigen. In diesem Sinne wird die Borderline-Störung immer wieder mit frühen traumatischen Erfahrungen in Verbindung gebracht. Die eigene Geschichte ist aber nicht nur Schicksal, sondern auch Produkt zahlreicher eigenverantwortlicher Entscheidungen. Daher entbindet die eigene Geschichte niemanden von der persönlichen Verantwortung für das eigene Leben. So ist die Auswertung der Lebensgeschichte eine Möglichkeit, die eigenen Reaktionen und Verhaltensmuster besser zu verstehen, sie kann aber nicht vollständig die Probleme in der Gegenwart erklären. Dieser Aspekt ist auch bei der Bewertung der Lebensläufe von Betroffenen in diesem Buch zu bedenken.

Borderline-Kranke sind nicht für alles verantwortlich, was in ihrem Leben geschehen ist, sie müssen aber trotzdem die Verantwortung für ihr Leben übernehmen.

BEISPIEL ■ Meine Kindheit war katastrophal. Wie ein roter Faden zogen sich die Sorgen durch mein Leben. Alles fing mit der ungewollten Schwangerschaft meiner Mutter an, dazu noch von einem Ausländer. Das Leben meiner Mutter war auch eine Katastrophe. Meine Großmutter ist gestorben und so heiratete mein Opa die Schwester seiner verstorbenen Frau. Die brachte fünf Kinder mit in die Ehe und neun Kinder waren schon vorhanden. Wir waren also eine Großfamilie und meine Mutter war die Drittälteste. Als der Vater meiner Mutter neu geheiratet hatte, war für sie klar, dass sie nicht zu Hause bleiben wollte, und somit war die ungewollte Schwangerschaft eigentlich ganz praktisch. Sie dachte, dass sie ausziehen könne, aber das war falsch. ■ Mein Opa, der mir als sehr liebevoll in Erinnerung ist, sagte, dass ich auch eine männliche Hand brauche, und deshalb musste meine Mutter zu Hause bleiben. Etwa zwei Jahre später stand mein Vater vor der Tür und wollte meine Mutter besuchen. Dabei sagte man ihm gleich, dass er eine Tochter von zwei Jahren habe und er sich nicht aus der Verantwortung stehlen könne. Also wurde geheiratet und meine Mutter war sehr glücklich, dass sie von zu Hause ausziehen konnte. ■ Die Ehe hielt jedoch nur zwei Monate. Meine Mutter hat mich bei meinem Vater gelassen. Zu der Zeit war sie schon wieder schwanger und mein Bruder und ich zogen später zu meiner Oma väterlicherseits. Daran erinnere ich mich aber nicht richtig, nur an einzelne Erlebnisse, wie an die Nacht, als mein Onkel meine Tante fast umgebracht hätte. Ich glaube, ich war bis zu meinem dritten Lebensjahr ein glückliches Kind und sprühte vor Energie, bis zu diesem Ereignis: Meine Oma, meine Tante und ich lagen im Schlafzimmer und schliefen, als ich plötzlich wach wurde, weil jemand Steine ans Fenster warf. Ich weckte meine Oma, die zum Fenster ging. Ich sah, wie meine Oma sich mit jemandem unterhielt und dann meine Tante wach machte, die ganz erschrocken aufsprang und sich unter dem Bett versteckte. Meine Oma ging zur Haustür und ließ jemanden herein. Es war mein Onkel, der immer den Namen meiner Tante rief. Er fragte meine Oma, wo sie sei. Bevor sie etwas sagen konnte, schlug er sie zu Boden, dann lief er in die Küche. Ich sah, dass meine Tante unter dem Bett hervorkam. Sie rannte in den Flur und ich hörte sie schreien. Ich stand auf und lief in den Flur und sah meinen Onkel, wie er meiner Tante das Messer in die Rippen stach. Der ganze Flur war voller Blut und meine Tante lag auf dem Boden. Irgendwann kam die Polizei. ■ Das war das erste Kapitel meines Lebens. ■ Ich war dreieinhalb Jahre alt. Dann ging der Streit um das Sorgerecht los und ich kam zu meiner Mutter. Ich glaube, meine Mutter hat mich wegen des Kindergeldes zu sich geholt. Sie lebte mit einer Freundin zusammen, war also lesbisch. Die Bedingungen, unter denen ich und mein Bruder bei meiner Mutter lebten, waren nicht gerade gut. Meine Mutter war alkoholkrank und die Freundin meiner Mutter auch. ■ Mein Bruder hat am Anfang mehr gelitten als ich. Als er in die Schule kam, war er schon gestört, lernte nicht und hatte Anschlussschwierigkeiten. Dann bekam er dauernd Schläge von der Lebensgefährtin meiner Mutter, oft aus unerklärlichen Gründen, wenn er den Teller nicht leer gegessen hatte oder auch weil er angeblich nachts immer durch die Wohnung lief. Einmal sagte er, dass er keinen Hunger habe, und die Freundin schüttete ihm die heiße Soße aus dem Topf über den Kopf, sodass er Verbrennungen zweiten Grades hatte. Danach ist es zu Hause eskaliert und ich habe versucht, die Freundin mit einem Beil zu erschlagen. Ich war neun Jahre alt. Nach diesem Ereignis zog meine Mutter mit uns aus und ich hatte inzwischen auch eine kleine Schwester bekommen. Es gab dann verschiedene Stationen in meinem Leben: Oma, Tante, Pflegefamilie, aber bei keinem konnte ich wirklich bleiben. Als ich ins Heim kam, habe ich dann entschieden, dass ich niemals mehr jemanden lieb haben werde, und das hat sich bis heute in meiner Seele eingebürgert. ■ In den meisten Heimen wurde ich wie eine Schwerverbrecherin behandelt oder gehalten wie eine Sklavin. Das schlimmste Erlebnis, das ich je hatte, war das nach dem Missbrauch. Zu Hause der Missbrauch und im Heim ging es dann weiter. Keiner hat etwas dagegen getan oder half mir. Und so kam es, dass ich den ersten Selbstmordversuch gemacht habe. Ich nahm Tabletten. Das Einzige, was ich mir aber trotzdem wünschte, war, dass meine Mutter käme. Aber sie kam nicht. Ich wurde in die Jugendpsychiatrie gebracht und dort wurde eine Familientherapie angefangen. Dies artete in Weinen und Lügen meiner Mutter aus. Ihr machte vor allem der Rollentausch zu schaffen, weil ich meiner Mutter zeigen konnte, wie ich sie erlebte hatte: besoffen, egoistisch und ungerecht. Die Schilderung einer Szene, als sie mich an den Nachbarn verliehen hatte, gab ihr den Rest. Sie brach die Therapie ab und ich kam danach in ein anderes Heim. ■ Das zog sich so hin, immer wieder andere Heime und immer wieder neue Leute. Irgendwann bin ich weggelaufen und habe ein Jahr auf der Straße gelebt. Ich sah dabei, wie es bei anderen gelaufen ist, und habe mich nach einem Jahr entschlossen, mich beim Jugendamt zu melden. Die Mitarbeiterin dort war sehr nett und fragte mich, was ich wolle. Ich sagte, dass ich ein Heim suche, in dem mir Liebe entgegengebracht werde, aber auch Strenge. Sie schlug mir ein Heim vor. Dort könne ich einen Schulabschluss machen und ein normales Leben führen. In dem Heim ging es mir tatsächlich gut, ich ging zur Schule und auch das Verhältnis zu meiner Mutter wurde besser. Sie versprach mir, dass ich mit einem guten Schulabschluss nach Hause kommen und eine Berufsausbildung anfangen könne. Dann kam der Tag der Zeugnisausgabe und meine Sachen waren schon gepackt. Aber: Meine Mutter kam nicht. Sie rief später an und sagte, sie könne nicht kommen, weil die Freundin das nicht wolle. Ich war am Boden zerstört. ■ Weil das Heim keine Berufsausbildung vermitteln konnte, musste ich in ein anderes Heim, um eine Ausbildung zur Friseurin anfangen zu können. Nach Abschluss der Ausbildung zog ich aus dem Heim aus und bekam eine Wohnung. Dann lernte ich einen Jungen kennen und wir zogen zusammen, was sich nach einiger Zeit als Fehler herausstellte. Er setzte mich sehr unter Druck und so verlor ich auch noch das kleinste bisschen Selbstvertrauen. Als die Beziehung zu Ende ging, unternahm ich meinen zweiten Selbstmordversuch, der aber nicht gelang. Danach hatte ich sehr viele flüchtige Beziehungen und war unzufrieden. Ich suchte nach Liebe und Geborgenheit, fand sie jedoch nicht. Die Enttäuschungen habe ich nie überwunden. ■ Irgendwann lernte ich einen Mann kennen, der nach außen ein völlig normales Leben führte. Er hatte einen Job und ein Auto und auch gar nicht übermäßig viel Geld. Ich war drei Monate mit ihm zusammen und gut drauf, bis er mich in ein Bordell brachte, wo ich für ihn arbeiten sollte. Als ich mich weigerte, schnitt er meine Brust mit Rasierklingen auf und verprügelte mich nach Strich und Faden. Nach einiger Zeit habe ich einfach alles mit mir machen lassen, bis ich nach einem halben Jahr abhauen konnte. Ich war immer auf der Flucht vor diesem Menschen und hatte Angst. Ich habe es bis heute noch nicht verarbeitet und es folgten mehrere Selbstmordversuche, die allesamt scheiterten. Bis heute habe ich immer wieder Gedanken, mich umzubringen, und fühle mich depressiv. Hoffentlich hilft mir die Therapie. ■

An diesem Fallbeispiel ist sehr gut zu erkennen, wie frühe Erfahrungen das weitere Leben prägen können, und zwar immer wieder von neuem, wenn nicht geeignete persönliche Problemlösungen entwickelt werden.

Beziehungsaspekte

Die Auswirkungen der Störung auf die sozialen Bindungen sind vielfältig. Der Übersichtlichkeit halber ist es sinnvoll, bei den Betrachtungen zwischen einer Perspektive zwischen den Generationen und einer Perspektive innerhalb einer Generation zu unterscheiden.

Erfahrungen zwischen den Generationen

Unbestritten prägt die Herkunftsfamilie viele grundlegenden Einstellungen, Verhaltensweisen und Reaktionsweisen eines Menschen. Im Grunde ist aber nur wenig darüber bekannt, welche konkreten Bedingungen in der Herkunftsfamilie die Entstehung des Borderline-Syndroms begünstigen. Die meisten Vorstellungen darüber beruhen auf nachträglichen Betrachtungen, denen eine Reihe von Fehlermöglichkeiten anhaftet. Zudem kann die Vergangenheit der Beteiligten unterschiedlich wahrgenommen und interpretiert werden.

MERKE Untersuchungen zur Bedeutung der Entwicklung für die Entstehung psychischer Erkrankungen weisen auf die Bedeutung der sogenannten individuellen Umwelt hin. Damit sind die Aspekte der Umwelt gemeint, die nur für den einzelnen Gültigkeit haben, etwa die Stellung in der Geschwisterreihe. Dagegen hat die geteilte Umwelt (etwa vermittelt über die Familienatmosphäre) einen wesentlich geringeren Anteil an der Entstehung psychischer Störungen.

In den wenigen Forschungen, die zu diesem Thema veröffentlicht worden sind, ergaben sich Hinweise, dass das Verhalten der Eltern der Betroffenen durch eine mangelnde Konstanz geprägt und die Familienregeln nicht klar beschrieben waren bzw. nicht durchgehalten wurden. Ein solches Verhalten von Bezugspersonen (etwa den Eltern) entwickelt sich allerdings nicht nur aufgrund der Eigenschaften der Bezugspersonen, sondern auch als Reaktion auf die Besonderheiten des Kindes (etwa als Folge einer Überforderung). Es ist aber eine Verkürzung, die Herkunftsfamilie ausschließlich als Quelle von Störungen zu sehen. Vielmehr ist auch zu fragen, welche Formen der sozialen Unterstützung durch die Herkunftsfamilie geleistet werden bzw. geleistet worden sind. Diese können als persönliche Ressourcen genutzt werden.

Es fällt bei Borderline-Störungen auf, wie häufig gespannte, ungeklärte und oft sehr lockere Beziehungsmuster vorherrschen. Dazu ein Beispiel:

BEISPIEL ▪ Frau G. war bereits in der Schule auffällig und schaffte aufgrund ihrer Schwierigkeiten lediglich den Sonderschulabschluss. Ihre häufigen Wutausbrüche brachten sie schon früh in den Kontakt mit der Psychiatrie. Dort stellte sich über Monate keine rechte Stabilität ein. ▪ Der Vater der Patientin ist alkoholkrank und hat sich schon lange von der Familie abgesetzt. Lediglich die Mutter hält noch Kontakt zu Frau G. Zu Besuch in die Klinik kommt sie aber nur selten, obwohl sie von der Tochter immer wieder darum gebeten wird. Am Telefon verspricht die Mutter jedes Mal, bei dem Besuch ein Geschenk mitzubringen. Auch Geld wird versprochen. Regelmäßig aber vergisst die Mutter ihre Zusagen und so kommt es bei den Besuchen immer zu wütenden Auseinandersetzungen. Die Mutter reagiert beleidigt und wirft der Tochter Undankbarkeit vor. Nach dem Besuch lehnen beide für einige Wochen den Kontakt ab. Frau G. neigt in dieser Zeit dazu, sich mit den Teammitgliedern in Streitigkeiten zu verstricken und diese zu provozieren. Mit der Zeit entwickeln die einzelnen Mitglieder des Teams ebenfalls eine Aversion gegen die Besuche der Mutter. ▪

Häufig entwickelt sich im Verhältnis zur Herkunftsfamilie ein Hin und Her zwischen Ablehnung und Feindseligkeit auf der einen und Bedürfnis nach Bindung und gegenseitiger Sorge auf der anderen Seite.

Bei allen Überlegungen sollte jedoch nicht vergessen werden, dass natürlich auch die Aufgaben bewältigt werden müssen, die mit dem jungen Erwachsenenalter zusammenhängen. Immerhin ändert sich in dieser Lebensphase das Verhältnis zur Herkunftsfamilie grundlegend. Dies verläuft normalerweise nicht ohne Reibungen, denn es muss neu ausgehandelt werden, welcher Einfluss den Eltern zugestanden wird und welche Fürsorge von ihnen erwartet werden kann. Die damit verbundenen

Konflikte entzünden sich oft an Alltagsaktivitäten, etwa der Ordnung im Haushalt. Gleichwohl ist das Ausmaß dieser Konflikte in der Psychologie lange Zeit überschätzt worden. Diese Konflikte gehören zur normalen Lebensbewältigung und haben mit der Borderline-Störung wenig zu tun.

Erfahrungen innerhalb einer Generation

Eine Störung, die so stark von wechselnden Stimmungen, von Angst vor dem Alleinsein und von wechselnden Wertungen geprägt ist, kann nicht ohne Auswirkungen auf die zwischenmenschlichen Beziehungen auch außerhalb der Familie bleiben. Eine typische Erfahrung ist, dass intensive Beziehungen geknüpft werden, die Beziehungen dann zunächst idealisiert werden, es aber schnell zu Enttäuschungen, gegenseitigen Vorwürfen und Streit kommt. Viele Partner fühlen sich dann emotional überfordert oder reagieren verständnislos. Oft kommt es dann zur Trennung. Ohne feste Bindung jedoch verstärkt sich das Gefühl der Einsamkeit, sodass die Suche nach einem neuen Partner intensiviert wird. Andere erleben aufgrund der Angst vor dem Alleinsein eine große Abhängigkeit vom anderen. Zum Teil unbewusst, spielt die Störung auch bei der Auswahl des Partners eine Rolle. Viele suchen sich Partner, die emotional besonders ausgeglichen erscheinen oder die sogar Schwierigkeiten haben, Emotionen auszudrücken. Dann ist es leichter möglich, die notwendige Distanz zum Partner aufrechtzuerhalten. Immerhin geht man damit der Gefahr aus dem Weg, dass eine Quelle der Sicherheit auch eine Quelle größter und intensivster Angst sein kann. Andere wiederum suchen sich Partner, die möglichst ähnliche Eigenschaften haben. Dies erspart die Entwicklung von

Schamgefühlen, erhöht aber das Risiko vermehrter zwischenmenschlicher Spannungen.

All diese Faktoren können zu einer hohen Unzufriedenheit mit den sozialen Bindungen beitragen.

Die größte Schwierigkeit in den sozialen Beziehungen nimmt die Handhabung der Gefühle ein, weil viele auf die Stimmungsschwankungen mit Unverständnis reagieren. Auch die Unfähigkeit, allein zu sein, und die daraus entstehende Abhängigkeit von Kontakten führen zu zwischenmenschlichen Schwierigkeiten. Es entsteht eine krisenhafte Zuspitzung vor allem dann, wenn es in den sozialen Beziehungen nicht gelingt, zu einer Regulation von Nähe und Distanz zu kommen. Insbesondere in der Sexualität können sich entsprechende Schwierigkeiten zeigen. Viele Betroffene neigen dazu, aus innerer Unsicherheit und zur Vermeidung von Angst die Umgebung stark zu kontrollieren. Durch diese Kontrolle fühlen sich die anderen jedoch eingeengt und manipuliert, was wiederum Anlass für Konflikte ist.

Auch Alkohol- und Drogenmissbrauch können die Partnerschaft und die sozialen Beziehungen belasten und zudem Quelle für weitere Probleme sein, etwa mit Polizei und Justiz. Vielfach entstehen aus dem extremen Konsum Abhängigkeitserkrankungen. Viele Betroffene gleiten in Subkulturen ab, in denen es nur beschränkt Unterstützung für eine gesunde Entwicklung gibt. Besonders negativ ist, wenn im Rahmen der Störung und unterstützt durch Substanzmissbrauch dissoziale Verhaltensweisen auftreten oder es im Rahmen von Stimmungsschwankungen zu Übergriffen kommt.

So haben viele Menschen mit Borderline-Störungen eine Reihe von sozialen Problemen, unzureichende Berufsausbildungen, häufig wechselnde Partnerschaften, materielle Schwierigkeiten und vieles andere mehr. Für die meisten spielt dies aber eigentlich die geringere Rolle. Vielmehr sind die Einsamkeit, das Gefühl, nicht verstanden zu werden, die Notwendigkeit, die Symptome zu verheimlichen, sowie die emotionale Distanz die schmerzhafteren Konsequenzen der Störung.

MERKE **Die Borderline-Störung ist mit zahlreichen Problemen bei der Gestaltung zwischenmenschlicher Beziehungen verbunden. Die einzelnen Störungen reichen in der Regel bis in die Kindheit zurück. Oft fehlt bereits in der Herkunftsfamilie eine hinreichende soziale Unterstützung. Später wird vor allem durch die emotionale Instabilität der Aufbau von ausgeglichenen und konstanten sozialen Beziehungen erschwert.**

Reaktionen der Umwelt

Wie hat die Umwelt (Freunde, Kollegen, Partner) auf Ihre Erkrankung reagiert?

- Meine Freunde haben teilweise alles ignoriert, teilweise mit Unverständnis reagiert. Wieder andere haben sich von mir abgewandt, weil ich nicht in der Lage war, gute Beziehungen zu führen.
- Meine Freunde versuchen viel Verständnis aufzubringen, aber die Beziehungen zu ihnen haben sehr gelitten, vor allem durch meine extremen Stimmungsschwankungen und mein Verhalten ihnen gegenüber.
- Ich stieß auf Unverständnis und Ablehnung. Mir wurde ein Stempel aufgedrückt, egal, was ich tat: Du hast ja Borderline. Damit wurde es entschuldigt.
- Meine Kumpels fanden es gut, weil fast immer Schlägerei war, und sie haben noch mitgemischt.

- Meine Freundinnen waren auch interessiert, was Borderline ist.
- Die Freunde und Partner haben gelassen reagiert.
- Als ich noch im Schwesternwohnheim war, haben die nichts gemerkt von den Problemen mit dem Essen; ich habe mich immer mehr zurückgezogen. Hier in der Klinik war es so, dass meine Eltern das nicht wollten, weil sie Angst hatten, dass darüber geredet wird, dass ich in der Klapse bin. Meine Freunde und Kollegen haben nicht verstanden, warum ich mich selbst verletzt habe, und noch weniger, dass ich sterben wollte. Auch meine Bilder und Geschichten hat keiner verstanden.
- Für Freunde ist es einigermaßen okay, aber für Intimpartner ... na ja, kaum aushaltbar. Auf der Arbeit hatte ich nur bedingt Einschränkungen. Die Kollegen empfinden mein Verhalten zwar als »komisch«, aber im Rahmen akzeptabel, da ich meine Arbeit gut mache und sie es als eine Temperamentsfrage abtun.
- Die meisten wissen nichts von der Diagnose, daher überwiegend keine Reaktion, ansonsten mit Aggressionen, Vorhaltungen und Sorgen.
- Die Reaktionen sind vom Alter abhängig. Junge Leute fragen nach und besorgen sich Informationen; ältere Leute sagen, ich hätte einen Knall und würde mir was einbilden.
- Reagiert wurde häufig mit Unverständnis, zum Teil mit Ärger und Wut (wahrscheinlich aus Hilflosigkeit), selten mit Verständnis. Daher versuche ich meine Symptomatik weitgehend hinter einer Maske zu verstecken.
- Unverständnis, Misstrauen, Angst, Helfenwollen, Hilflosigkeit.

Die Borderline-Störung entwickelt sich über einen langen Zeitraum. Der Erkrankung gehen häufig relativ unspezifische Vorzeichen voraus. Irgendwann kommt aber der Punkt, an dem der Krankheitscharakter der Störung offensichtlich wird. Dabei können die Begleitsymptome einen Hinweischarakter bekommen. Meistens führt der Leidensdruck durch die Symptome zu Überlegungen, einen Helfer in Anspruch zu nehmen. Vielfach sind es auch Freunde oder Familienangehörige, die darauf hinweisen, dass eine professionelle Behandlung notwendig sein könnte. Bevor es zu einem therapeutischen Kontakt kommt, sind häufig bereits andere Hilfemöglichkeiten ausprobiert und ist eine lange Suche nach einem geeigneten Helfer durchgestanden worden. Dies alles prägt die Erwartungen an die Therapie. Dabei ist es ganz und gar nicht selbstverständlich, dass bereits zu Anfang ein positives Verhältnis zu Therapie und Therapeuten besteht.

Am Beginn der Zusammenarbeit zwischen Betroffenen, dessen Angehörigen und dem professionellen Helfer hat die Diagnosestellung eine wichtige Funktion. Wegen der recht »bunten« Symptomatik wird das Borderline-Syndrom oft nicht direkt erkannt, zumal sich nicht alle Ärzte und Therapeuten mit dieser Störung auskennen.

Es verwundert also nicht, dass die Betroffenen im Laufe ihrer Entwicklung mit den unterschiedlichsten Diagnosen konfrontiert werden und erst spät die Diagnose einer Borderline-Störung gestellt wird. Noch häufiger allerdings wird eine Borderline-Störung diagnostiziert, obwohl die Kriterien für diese Störung gar nicht erfüllt sind.

Die Erzählungen des Betroffenen, die Erfahrungen des Helfers und die verwendeten diagnostischen Klassifikationen führen zur Diagnose. Die Diagnose hat einen diskriminierenden und ängstigenden Aspekt, aber auch einen entlastenden und informierenden Charakter.

Die Diagnose ist zunächst in einer Expertensprache formuliert und muss »übersetzt« werden. Nicht alle professionellen Helfer leisten eine solche Übersetzung. In einem solchen Fall kann die Diagnose verwirrend sein. Viele Helfer lehnen es sogar ab, dem Betroffenen die Diagnose mitzuteilen. Dies geschieht in Fällen, in denen die Therapeuten dazu neigen, die Beziehung zu den Patienten möglichst offen zu halten. Viele befürchten, dass durch die Diagnose negative Anteile zu stark in den Vordergrund rücken, der Widerstand des Patienten steigt und er sich notwendigen Veränderungen gegenüber verschließt. Zudem wird eine Stigmatisierung befürchtet.

Sobald eine Diagnose mitgeteilt wird, verändert sich die Perspektive auf die Probleme. Verhaltensweisen und Symptome sind dann nicht mehr nur Phänomene, die durch Fehlverhalten erklärbar sind, sondern sie sind Teil einer Erkrankung. Diese Erkenntnis kann entlastend, aber auch ängstigend sein. Im Hinblick auf den Umgang mit Therapeuten und mit einer Therapie ist es aber auf jeden Fall günstig, weniger den bewertenden, sondern mehr den informierenden Aspekt der Diagnose zu betrachten.

Im Folgenden finden sich einige Reaktionen von Betroffenen auf die Diagnose im Frage-Antwort-Muster.

Reaktionen auf die Diagnose

Wie haben Sie auf die Diagnose reagiert?

- Zuerst war »Borderline« für mich nur ein Wort, ich konnte nichts damit anfangen. Ich hatte auch keine Möglichkeit, mich mehr damit auseinanderzusetzen. Dann lernte ich das Buch *Ich hasse dich, verlass mich nicht* kennen. Danach fühlte ich mich verstanden und begann damit zu arbeiten.
- Ich wusste bis zu meinem Aufenthalt hier gar nicht richtig, was Borderline überhaupt bedeutet. Es war für mich nur ein Begriff.
- Ich habe mit Angst und Aggressivität reagiert und mit Fragen, Fragen, Fragen, die mir aber niemand beantworten konnte.
- Ich war immer stocksauer und geschockt und habe mich gefragt, wie Eltern ihre Kinder psychisch so fertigmachen können.
- Ich war ruhig (ich bin so, wie ich bin) und ich kann ja an mir arbeiten.
- Für mich war die Diagnose im gewissen Sinne positiv, da ich mein Verhalten besser verstehen konnte.
- Ich habe gedacht, der redet über irgendjemand anderes, nicht über mich, als gesagt wurde: starke Persönlichkeitsstörung.

Akzeptanz

Konnten Sie Ihre Erkrankung akzeptieren?

- Seit ich mehr über diese Krankheit weiß: ja.
- Noch nicht ganz.
- Ich fange gerade damit an, und das ist nicht einfach.
- Nein, ich kann heute noch nicht damit umgehen.
- Ja, weil ich weiß, dass sich Verhalten ändern kann.
- Ja, ich kann meine Erkrankung akzeptieren.

- Nein, genauso wenig wie die Epilepsie und was sonst damals immer wieder auftrat.
- Erst mal gar nicht. Dann später dachte ich: Das soll ich sein? Ich war heilfroh, dass es dafür einen Namen gibt, für dieses komische Ding da. Also eigentlich war ich froh, dass es so was gibt und ich endlich einen Namen dafür hatte!
- Ich habe keine Ahnung von Borderline, hab mich damit noch nie befasst, hab mich gefragt, was das sein soll.
- Puh! Nö, eigentlich will ich nur normal sein. Habe dann aber das Gefühl, dass ich nicht richtig lieben könnte. Und ich will »richtig« lieben! Ich weiß nicht, ich versuche es.

Die Borderline-Störung galt lange Zeit als schwierig zu behandeln. Daher stehen häufig Skepsis und Vorsicht bei Therapeuten im Vordergrund. Dazu trug sicherlich bei, dass sich die Therapeuten von den Bewertungen durch die Betroffenen unangemessen idealisiert oder aber abgewertet fühlten. Helferbeziehungen sind durch eine gewisse Hierarchie geprägt. Dabei spielt die Überzeugung des Helfers, kompetent helfen oder unterstützen zu können, eine zentrale Rolle. Wird diese Fähigkeit durch den Betroffenen in Frage gestellt, dann wird eine Voraussetzung zur Therapie in den Grundfesten erschüttert. Erschwerend kam hinzu, dass Borderline-Patienten viele negative Eigenschaften zugeschrieben wurden, beispielsweise die Tendenz, in therapeutischen Teams regelmäßig Zwietracht zu säen. Therapeuten und therapeutische Teams erwarteten oft von Beginn an, von den Betroffenen manipuliert und »hintergangen« zu werden.

Menschen mit Borderline-Störungen sind zudem oft Opfer des Psycho-Marktes und werden bei ihrer Suche nach Hilfe mit diffusen Erklärungen ihrer Störung konfrontiert. Es ist für den

Laien nicht leicht, die Kompetenz des Helfers einzuschätzen. Meistens reichen die Informationen auch gar nicht aus, die Güte der angebotenen therapeutischen Beziehung einzuschätzen, ganz abgesehen davon, dass die berühmte »Chemie« innerhalb der therapeutischen Beziehung stimmen sollte. All diese Faktoren tragen dazu bei, dass die meisten Betroffenen schon zahlreiche therapeutische Erfahrungen hinter sich haben, und nicht nur positive. Jede Behandlung, die keinen positiven Effekt hinterlässt, schadet, denn sie führt mindestens zu einer negativen Erwartung gegenüber der Therapie generell und reduziert damit die Erfolgsaussichten des nächsten Versuchs, durch Therapie eine positive Veränderung anzustoßen.

MERKE **Der Entscheidung zu einer Therapie gehen zunächst verschiedenste Versuche voraus, die Probleme selbst oder mit Hilfe von Freunden und Angehörigen zu meistern. Die Zusammenarbeit mit Therapeuten und professionellen Helfern ist dann oft durch negative Vorannahmen erschwert.**

Ressourcen

Die Durchführung von Veränderungen erfordert zunächst eine klare und ehrliche Bestandsaufnahme der Probleme und einzelnen Beeinträchtigungen. Zudem muss noch unterschieden werden, welche Veränderungen möglich sind und was zunächst einmal akzeptiert werden muss. Viele Lösungen brauchen Zeit und erfordern langwieriges Üben. Viele Störungen erscheinen übermächtig, etwa der Drang, sich zu verletzen oder das Essen in sich reinzustopfen. Bei aller Notwendigkeit zu einem offeneren Umgang mit den Problemen ist es gleichwohl notwendig, sich auch jene Seiten anzuschauen, die funktionieren und intakt sind (Ressourcen).

MERKE **In der Psychologie wird von »Ressourcen« gesprochen, um jene Anteile und Fähigkeiten zu benennen, aus denen Kraft, Lösungsideen und Entwicklung geschöpft werden können. »Ressource« meint aber nicht nur die gesunden Anteile eines Menschen, sondern auch Stärken und Schutzfaktoren, auf die ein Mensch zurückgreifen kann. Für die Bewältigung von Problemen, das Meistern von Aufgaben und die Lösungssuche ist der Rückgriff auf Ressourcen sicherlich bedeutsamer als der Blick auf die Schwierigkeiten der Betroffenen. Viel zu oft finden die Schwächen Beachtung und Stärken gelten als selbstverständlich. Bei dieser ungleichen Gewichtung fällt es gerade den von der Borderline-Störung Betroffenen schwer, Faktoren zu nennen, die zur Gesundung beitragen. So führen die Stärken im Selbstbild ein Schattendasein und werden auch in den Dialogen, die in diesem Buch enthalten sind, nur selten erwähnt.**

Zunächst ist es naheliegend, nach Ressourcen zu fahnden, die bei der Lösung von Problemen hilfreich sein können.

BEISPIEL ■ Herr S. leidet unter wiederholten Wutausbrüchen und Erregungszuständen, bei denen regelmäßig Einrichtungsgegenstände zu Bruch gehen. Die Lage verschärft sich, als er beginnt, seine Frau zu bedrohen. ■ Über seine persönliche Entwicklung berichtet er Katastrophales. Der Vater, Direktor eines Metallbetriebs, habe hohe Leistungserwartungen und materiellen Wohlstand in den Mittelpunkt des Lebens gerückt. Die Eltern seien aus diesem Grunde auch nie mit den schulischen Leistungen beider Söhne zufrieden gewesen. So wären sie beide als Schulversager von den Eltern beschimpft worden. Der Bruder habe später Probleme mit Alkohol bekommen und schlage sich heute mehr schlecht als recht durchs Leben. Herr S. selbst habe die Schule abgebrochen und eine Lehre angefangen. Der Ausbilder habe ihn von Anfang an gemocht, insbesondere seinen trockenen Humor. Er sei es auch gewesen, der ihm die Fortsetzung der Schule angeraten habe. Der zweite Versuch, die Schule abzuschließen, habe dann auch wesentlich besser funktioniert. ■ Nach der Schule habe er dann ein Studium begonnen und abgeschlossen und sei in der Folge beruflich recht erfolgreich gewesen. Nach wie vor habe er aber Probleme bei der Lösung von Konflikten am Arbeitsplatz. Er neige dazu, stundenlang über ein Problem nachzugrübeln, rege sich schnell über tatsächliche oder vermeintliche Ungerechtigkeiten auf und ecke in diesem Zusammenhang oft bei den Kollegen an. Auf der anderen Seite habe er eine gewisse Meisterschaft darin entwickelt, mit schwierigsten beruflichen Fragen fertig zu werden. Auch habe er ein offenes Herz für jüngere Mitarbeiter. Auf diese Art und Weise habe er viele Freunde gewonnen. Allerdings erwarte er mittlerweile im beruflichen Feld nicht mehr so viel, denn die Möglichkeiten, in seinem Beruf weiterzukommen, seien inzwischen sehr begrenzt. ■

An diesem Beispiel wird deutlich, wie soziale Bedingungen eine positive Entwicklung blockieren können. Andere Ereignisse können aber sehr wohl Fehlentwicklungen korrigieren und zu einem Zuwachs an Kompetenz führen.

Stärken werden aber nicht nur bei der Lösung von Problemen entwickelt, sondern zeigen sich auch bei der Befriedigung von Bedürfnissen. Aus Bedürfnissen entwickeln sich Motive und Handlungsweisen. Grundlegend ist beispielsweise das Bedürfnis nach Sicherheit, dessen Befriedigung Ruhe und Ausgeglichenheit vermittelt. Seelische Störungen führen in der Regel zu einer Verunsicherung und beeinflussen daher in besonderer Weise dieses Grundbedürfnis. Damit wird auch eine Reihe von Verhaltensweisen aktiviert, die zur Erhöhung der Sicherheit beitragen.

Es lässt sich noch eine Vielzahl von anderen Bedürfnissen unterscheiden, etwa die Befriedigung physiologischer Bedürfnisse wie Hunger und körperliches Wohlbefinden, das Bedürfnis nach Bindung und das nach persönlicher Entwicklung. Die Fähigkeiten und Strategien, Bedürfnisse zu befriedigen, sind wichtige Quellen für Ressourcen. So haben Borderline-Patienten viele Überlebensstrategien erlernt, die sie nicht selten in die Lage versetzen, mit extremen zwischenmenschlichen Belastungen zu leben. Auch die Fähigkeit, sich in schwierigen Situationen »wegzuträumen« (Dissoziationen), gehört zu den Besonderheiten dieser Störung.

Der Zugriff auf die eigenen Ressourcen ist nicht leicht, zumal die Umgebung dies nicht immer toleriert und Ressourcen selbst zum Problem erklärt. So kann die Fähigkeit, sich flexibel an verschiedenste Situationen anzupassen, als Haltlosigkeit aufgefasst werden.

Erfahrungen mit Hilfe

Gerade wenn die Erkrankung bereits zu größeren Schwierigkeiten geführt hat, gab es in der Regel vielfache Begegnungen mit Menschen, die helfen wollten. Sie kamen aus der Familie, waren Lehrer oder Sozialarbeiter, vielleicht auch Nachbarn. Sie waren aus unterschiedlichen Gründen mit den Problemen in Berührung gekommen. Meistens mussten die Helfer zunächst die Grenzen der Familie überwinden und wurden daher nicht von allen akzeptiert. Unter solchen Voraussetzungen waren die Erfahrungen mit der angebotenen Hilfe nicht immer positiv, wie das folgende Beispiel verdeutlicht.

BEISPIEL ■ Wenn das Jugendamt bei uns klingelte, dann waren die Aufgaben klar verteilt. Ich oder eins meiner kleineren Geschwister mussten blitzschnell das Bier in der Küche verstecken. Meine Mutter lief dann natürlich nicht nur in ihrem dreckigen ausgeleierten Schlüpfer herum und lachte, wenn sie furzte, oder befahl meiner Schwester, sie solle mal riechen. Nein, dann war sie mit Deo von oben bis unten eingesprüht. Ihre dicken Schenkel waren dann gut versteckt hinter einem hübschen langen Kleid. ■ Ich bin damals mit einer kurzen Schlafanzughose zur Schule, es war November. Weil ich keine Hose mehr hatte. Die waren alle im Wäschekorb und ungewaschen. Von meiner Mutter bekam ich gesagt, wenn ich nicht sofort, und zwar egal wie, zur Schule ginge, dass dann mein Stiefvater in Aktion träte. Und ich wusste, was dies bedeutete. Es blieb mir nichts anderes übrig, als so zu gehen, wie ich gerade angezogen war. In der Schule brach ich vor der Lehrerin zusammen und weinte heftig. Sie gab mir eine Gymnastikhose für Mädchen. Ich habe mich in Grund und Boden geschämt. Ich wurde natürlich von den Mitschülern, gerade von den Mädchen, dumm angeschaut. Meine Mutter gab mir keine Hose, weil ich sie ja hätte rechtzeitig danach fragen sollen. Und hätte ich dies gemacht, dann hätte ich was aufs Maul gekriegt, weil ich mir nicht hätte erlauben dürfen, sie damit zu belästigen. Ich musste die Daumen drücken und abwarten, ob ich nun Anziehsachen im Schrank liegen hatte oder nicht. Die Lehrerin unternahm auch nichts. ■ Mein Stiefvater verprügelte mich mit einer Türklinke in seiner Faust, immer vor meinen Kopf. Etwas später konnte ich meinen Körper nicht mehr kontrollieren, konnte nicht mehr laufen und mein linker Arm machte sich selbstständig. Ich verkroch mich ins Wohnzimmer, wo sie mich aber bemerkten. ■ Im Krankenhaus, als ich aufwachte, sah ich zuerst das Gesicht meines Stiefvaters, der mir befahl zu sagen, dass es die Türken gewesen seien. Ich hatte Angst und kannte auch nichts anderes, als zu gehorchen. Bei jeder Platzwunde an meinem Kopf war ganz klar, was zu sagen war. Ich bin versehentlich vor eine Laterne gelaufen und so. ■ Es wurde immer schlimmer. Bis zu neun Mal am Tag musste ich für meine Mutter zu Rewe gehen, später am Abend einige Male am Kiosk für sie Bier holen, und wenn es hart kam, auch für den Stiefvater noch Bier holen. Ich musste spülen, abtrocknen, Tisch decken, Tisch abräumen, auf die Geschwister aufpassen, Staub wischen usw. Als ich das Essen vom Teppich essen musste, Teller vor den Kopf bekam und in die heiße Badewanne geschmissen wurde, da rannte ich weg. Ich übernachtete mit 12 Jahren ganz allein in Parks und so, doch die Polizei brachte mich immer wieder zurück. Meine Mutter hatte dafür gesorgt, dass sie glaubten, ich würde dies machen, um sie zu provozieren. Und es wurde immer schlimmer, sodass ich keinen Ausreißversuch mehr wagte. ■ Ostern habe ich dann hin und wieder meinen Kopf in der Toilette wiedergefunden, weil ich aus lauter Nervosität dort nach Eiern suchte. Ich musste sie in einer gewissen Zeit finden, sonst gab es Schläge. ■ Das, was ich nicht essen mochte, wurde für eine ganze Woche gekocht. Auch hier ein Zeitlimit. Bei Nichteinhaltung Kopf nach hinten, rein. Klappte nicht immer. Wurde dann zusammengetreten. Erbrochenes musste wieder rein, passierte aber zum Glück nicht so oft. Meine Mutter ging ab und zu auf meinen Stiefvater los, was dann damit endete, dass sie durch eine Türscheibe flog, auf meinen kleinen Halbbruder stürzte und in ihren Brüsten Scherben stecken hatte. So was passierte nicht selten. Ich musste nachts zur Telefonzelle, um die Polizei zu rufen. ■

Das Jugendamt wollte es mit einer Milieutherapie versuchen. Klappte nicht. Und sie sagten, es wäre besser, wenn ich ins Heim käme. Meine Mutter zog dann einfach in einen anderen Stadtteil, wo ein anderes Jugendamt zuständig war. Damit entzog sie sich dem Jugendamt, was mich vielleicht gerettet hätte. Und die ließen das auch zu. Die Schweine. Von da ab wurde es so schlimm, dass ich plötzlich abschaltete. Ich fühlte beim Geschlagenwerden nichts mehr so richtig. Nahm irgendwie meine Umwelt nicht mehr richtig wahr, eigentlich bis zum heutigen Tag. Kann nichts mehr richtig fühlen und so. ■ Dann, als wieder mal die Polizei kommen musste und sich das Jugendamt meine Akte vom anderen Amt zukommen ließ, da wurde ich endlich rausgeholt. Ich brauchte nur »Ja« zu sagen. Mein Aussehen reichte dem Sozialarbeiter. Meine Mutter willigte nur ein, damit nichts vors Gericht kam, und entzog sich somit der Sache. Und die anderen Kinder ließ man bei ihr. Meine Schwester war dann schon mit 12 Jahren auf der Straße, »dengelte« von einem Heim ins nächste. Die sind alle kaputtgemacht worden. Das Jugendamt hatte noch Hoffnung, meiner Mutter könne man das doch nicht antun, ihr die Kinder zu nehmen. Ein Heim wäre zu teuer. Wir schauen noch mal. Die kriegte sogar noch ein Auto finanziert von denen. Und war auch noch per Du mit dem Sozialarbeiter. Hassssssss, aber so ist das Leben. Die Peiniger werden eher belohnt als bestraft. ■ Nun, im Heim war es so, dass viele aus ganz anderen Gründen dort waren. Dort war ich erst einmal Frischfleisch. Doch ich ertrug die dortigen Probleme mit Freude. War nichts gegen das, was ich vorher erleben musste. Ein Libanese setzte mir, nur so zum Spaß, ein Messer auf die Brust. Machte ihm Spaß. Nur der Stärkste wird überleben. Ich wurde stark. Trainierte und mutierte vom Ohnmächtigen zum Mächtigen. Keiner sollte je auf den Gedanken kommen, mich anzufassen. Ich erkämpfte mir in meiner Gruppe die Führungsposition. War eine Macht. Die Betreuung war lächerlich: Geh mal zur Schule und teile dir dein Geld ein. Also, die meisten waren so traumatisiert, dass sie eine intensive Betreuung brauchten, um sie noch auf den richtigen Weg zu bringen. ■ Tja, ich hatte nichts, war so, wie ich war. War mir selbst nicht richtig bewusst, brauchte immer mehr Muskeln. Nahm Anabolika. Ich brauchte irgendwas, was mich schützte. Ich brauchte Geld und klaute mit anderen Kumpanen hier und dort das Geld zusammen. Alle hatten Angst vor mir und doch wieder nicht. Ich war ein Gerechtigkeitsfanatiker. Aber wehe dem, der nur das geringste Anzeichen machte, mir nahe zu kommen. Den boxte ich durch die Tür. Jemand, der nicht mehr fühlt, ist ein ernst zu nehmender Gegner in einem Heim. Der wird nicht so einfach zu Boden gehen, denn das war ja Gewohnheit, Schläge auszuhalten. Da war ich nicht der Einzige und daher lag auch so manches Mal Spannung in der Luft. Einer nach dem anderen flog aus dem Heim und landete auf der Straße. Auch der Leiter flog, weil er nicht ganz rechtens handelte. ■ An dem Tag, als ich mich aber im kriminellen Milieu wiederfand, wachte ich auf. Von da ab fand eine positive Veränderung statt. Dann erlebte ich noch eine heftige Obdachlosenzeit mit Drogen und was so dazugehört. Nur abhängig bin ich nie geworden, denn Kontrollverlust wäre mein totaler Untergang. Ich habe mir oft eine hohe Dosis gegeben – da war ich dann erst einmal für einige Tage bedient. ■

MERKE **Menschen mit Borderline-Persönlichkeitsstörungen haben in der Regel Schwierigkeiten, sich ein ausreichendes Maß an sozialer Unterstützung zu sichern. Daher ist ein zentrales Anliegen der Hilfe, dem Betroffenen zu helfen, sich ein tragfähiges soziales Netz aufzubauen.**

Die Diagnose einer psychiatrischen Störung lässt sich nicht ohne die grundlegenden Vorstellungen der Medizin und Psychologie über psychische Erkrankungen verstehen. Aber gerade dieses Grundverständnis hat sich in den letzten Jahrzehnten sehr gewandelt und entwickelt und so auch die Sichtweise auf den Charakter der Borderline-Störung.

Psychiatrische Diagnosen benennen zunächst Störungen oder Krankheiten und nicht den betroffenen Menschen in seiner Gesamtheit. Ausgangspunkt der Diagnose ist heute die Beschreibung von Symptomen. Sie soll damit der Zuordnung und Klärung dienen. In der Zuordnung eines Merkmals als krank ist jedoch immer auch eine Wertung enthalten und damit die Gefahr, dass die betroffene Person insgesamt *ab*gewertet und stigmatisiert wird. Ohnehin stellt der Blick von außen, etwa durch einen Therapeuten, eine andere Perspektive dar und wird sich mehr oder weniger von den durch subjektives Erleben gekennzeichneten Sichtweisen des Betroffenen unterscheiden. Subjektivität und »Objektivität« sind aber keine Gegensätze, sondern ergänzen sich im günstigsten Fall zu einem ganzheitlichen Bild.

Die Ideengeschichte des Borderline-Begriffs

»Borderline-Störung« ist ein noch junger Begriff, der zudem mehrfach einen Bedeutungswandel erfahren hat. Die Störung, die heute mit diesem Begriff beschrieben wird, ist hingegen schon lange bekannt. Bereits im 17. Jahrhundert wurde von dem Arzt T. Sydenham von Menschen berichtet, die durch ihre außerordentliche »Launenhaftigkeit« auffielen. Sie würden ohne jedes Maß jene lieben, die sie alsbald ohne jeden Grund hassen würden; die außerordentlichen Aufregungen des Geistes dieser Kranken entstünden, so Sydenham, aus plötzlichen Ausbrüchen von Wut, Schmerz, Angst und ähnlichen Emotionen.

Obwohl die Störung somit schon lange bekannt ist, fiel die Zuordnung der Phänomene zum Krankheitsverständnis der Medizin zunächst schwer. Im klassischen psychiatrischen Krankheitsverständnis wurden Krankheiten vor allem nach ihren vermuteten Ursachen unterschieden. Die Borderline-Störung galt dabei als Übergangsform zwischen den Schizophrenien und den Neurosen. Daraus entwickelte sich der Begriff »Grenzpsychose« (englisch: »borderline psychosis«). Die Erkenntnis, dass die Ursachen für psychische Erkrankungen sehr vielfältig sind (multifaktorielle Krankheitsverursachung, variabler Verlauf und damit eingeschränkte Vorhersehbarkeit), führte schließlich zur Entwicklung eines neuen Krankheitsmodells, dem *Stress-Diathese-Modell.* Ausgangspunkt für die Entstehung einer psychischen Erkrankung sind nach diesem Modell Anfälligkeitsfaktoren (Dispositionen). Diese Dispositionen setzen sich jeweils aus Anlage- und Umweltfaktoren zusammen, etwa aus Besonderheiten bei der psychosozialen Entwicklung. Die Krankheit bricht aus, wenn der in diesem Sinne »anfällige« Mensch einer besonderen Belastung ausgesetzt ist (Stress). Der Verlauf der Erkrankung wird dann nicht allein von der Krankheit, sondern auch von zahlreichen anderen Faktoren bestimmt, zum Beispiel der Krankheitsbewältigung und der Qualität der sozialen Unterstützung. Nach dem gegenwärtigen Wissen gilt auch für die Borderline-Störung ein solches Stress-Diathese-Modell. Nach den entwicklungspsychologischen Wurzeln der Borderline-Störung ist zunächst vor allem im Rahmen der Psychoanalyse gesucht worden, und zwar aus einer differenzierten Betrachtung der Hysterie. Ursprünglich wurden damit vor allem Störungen benannt, die durch emotionale Konflikte ausgelöst werden. Emotionen werden im Laufe der Entwicklung an Erfahrungen gebunden und koppeln sich so mit der Sicht des Menschen auf sich und seine Umwelt (den anderen Menschen). So entsteht eine Art innerer Landkarte als Abbild der inneren und äußeren Welt. Auf dieser Grundlage entstand die Vorstellung, dass die Symptome der Borderline-Störung vor allem mit Unzulänglichkeiten bei der Entwicklung innerer und äußerer Selbst- und Objektbilder zu erklären seien, wobei den Emotionen eine zentrale Rolle zukommt. Diese Überlegungen, die auch mit dem Begriff der sogenannten Objekttheorie verbunden sind, versuchen insbesondere die charakteristischen zwischenmenschlichen Schwierigkeiten von Borderline-Betroffenen zu erklären.

Tatsächlich sind aber noch weitere Faktoren bei der Borderline-Störung wirksam, die vor allem mit der Regulation von Emotionen zu tun haben und möglicherweise auch auf Anlagen (genetische Faktoren) zurückzuführen sind. Diese Schwierigkeiten prägen wesentlich das innere Erleben, was etwa durch Gefühle der Spannung, der Leere und des Ausgeliefertseins seinen Ausdruck findet. Die Zuordnung der Borderline-Störung zur Gruppe der Persönlichkeitsstörungen wurde vorgenommen wegen der vielfältigen entwicklungspsychologischen und damit lange wirksamen Wurzeln der Erkrankung, die damit immer in einer Art Kontinuität zur jeweiligen Entwicklung des Betroffenen steht.

Leider hat gerade in der deutschsprachigen Psychiatrie der Begriff »Persönlichkeitsstörung« (Psychopathie) ein sehr negatives Image, galt der Psychopath doch als unangenehmer und unverbesserlicher Störenfried.

So allerdings ist der Begriff »Persönlichkeitsstörung« nicht gemeint. Vielmehr wird angenommen, dass jeder Mensch aufgrund seiner Anlagen über eine Reihe von Möglichkeiten (Ressourcen) verfügt und ihm im Laufe der Entwicklung weitere Ressourcen zur Verfügung gestellt und erworben (gelernt) werden. Daraus entwickelt sich ein sehr individuelles Muster von Fertigkeiten (Skills), auf die ein Mensch zurückgreifen kann. Bei der Lösung von Aufgaben im Rahmen des jeweiligen Lebenszyklus können jedoch Fertigkeiten fehlen und andere Fertigkeiten überentwickelt sein. Dies kann zum Scheitern, zur Resignation und Hoffnungslosigkeit führen. Kommt es in diesem Rahmen zu einer Entgleisung und Blockade wichtiger Entwicklungsschritte, können Symptome einer Persönlichkeitsstörung entstehen. Somit ist mit diesem Begriff nicht der gesamte Mensch gemeint, sondern lediglich *Teilprozesse der Lebensbewältigung*. Unter »Persönlichkeit« wird allerdings gemeinhin ein Bündel charakteristischer Eigenschaften verstanden, mit dessen Hilfe ein Bild von sich und anderen geformt wird. Auch wenn dieses Bild immer eine Vereinfachung darstellt, so hilft es doch, sich in einer sehr komplexen Umwelt zurechtzufinden. Dieser Aspekt der Persönlichkeit ist durch eine Persönlichkeitsstörung nicht direkt betroffen und so fällt die Persönlichkeit der Betroffenen zunächst nicht aus dem Rahmen. Allerdings kann sich durch nachfolgende Prozesse – etwa durch die Übernahme einer Kranken- oder Außenseiterrolle – die Persönlichkeitsstörung auch auf die Persönlichkeit auswirken und auf diese Weise eine Stigmatisierung und Chronifizierung begünstigen.

MERKE Die Borderline-Störung ist eine Erkrankung, bei der Anlage- und entwicklungspsychologische Faktoren zu einer spezifischen Anfälligkeit gegenüber emotionalem Stress führen. Dabei lassen sich Schwierigkeiten bei der Regulation von Gefühlen und bei der Kopplung von Erleben und Gefühlen bereits vor Ausbruch der Erkrankung beobachten. Die Krankheit bricht aus, wenn die zur Verfügung stehenden Fertigkeiten zur Bewältigung von lebenszyklisch gebundenen Anforderungen nicht ausreichen oder ungeeignet sind. Von der Borderline-Störung sind damit lediglich Teilprozesse betroffen und nicht die Persönlichkeit als Ganze.

Die Diagnose der Borderline-Störung

Aufgrund der unterschiedlichen Wurzeln des Borderline-Begriffs existieren auch heute noch zu verschiedene Definitionen, was oft zu einer Verwirrung und zu Ungenauigkeiten führt. Zudem finden sich sehr oft einzelne Phänomene der Borderline-Störung mehr oder weniger ausgeprägt auch bei gesunden oder anders psychisch erkrankten Menschen. So ist die Gefahr einer voreiligen Zuordnung zu dieser Störung groß. Von einer Borderline-Störung sollte nur dann gesprochen werden, wenn *mehrere* Anzeichen auf die Erkrankung hinweisen (siehe unten) und die Symptome einen gewissen Ausprägungsgrad zeigen. Zunächst ist es deswegen sinnvoll, möglichst verbindliche und auch zuverlässige Kriterien festzulegen, die es erlauben, von einer Borderline-Störung zu sprechen. Dazu dient die sogenannte *operationalisierte Diagnostik*.

Auch nach dieser Eingrenzung bleibt aufgrund der vielschichtigen Bedingungen das Bild der Borderline-Störung noch recht vielfältig, lässt sich aber im Grunde vier Hauptbereichen zuordnen:

1. Borderline-Kranke zeigen Schwierigkeiten bei der Regulation von Emotionen im Sinne einer emotionalen Instabilität.
2. Sie zeigen im Kontakt mit anderen Schwierigkeiten, emotionale Nuancen zu akzeptieren und zu nutzen (Schwarz-Weiß-Denken überwiegt).
3. Borderline-Kranke sind unangenehm betroffen von Gefühlen der Leere und der Langeweile (»boredom susceptibility«).
4. Sie haben eine reduzierte Toleranz gegenüber Stress und neigen zu extremen Stressreaktionen, etwa in Form von Dissoziationen.

Eine Reihe von anderen Symptomen entwickelt sich in der Folge dieser Phänomene, etwa risikoreiches Verhalten, chronische Suizidalität und andere, wobei diese Symptome oft »Selbstheilungsversuche« darstellen.

Verbreitung und Verlauf

Untersuchungen haben ergeben, dass rund zwei Prozent der erwachsenen Bevölkerung an einer Borderline-Störung leiden. Wie bei anderen Persönlichkeitsstörungen ist jedoch zu bedenken, dass nicht nur die Art, sondern ebenso das Ausmaß der Störung den Krankheitscharakter bestimmt. Nur wenn die Symptome für den Betroffenen oder auch seine Umgebung *Leidenscharakter* bekommen, kam man von einer »Störung« im engeren Sinne sprechen. Daher werden sich viele bei den Kriterien der Störung wiederfinden, ohne tatsächlich ein Krankheitsgefühl entwickelt zu haben. Immerhin machen Borderline-Patienten gegenwärtig etwa zehn Prozent der stationär behandelten psychiatrischen Patientinnen und Patienten aus.

Neuere Untersuchungen zum Verlauf der Erkrankung zeigen, dass die Störung offensichtlich bei vielen im Laufe des Lebens an Schärfe verliert, sie also vor allem eine Erkrankung des jungen Erwachsenen ist. Diese günstige Prognose für den Verlauf zeigt, dass viele Betroffene im Laufe ihres Lebens Selbstheilungskräfte entwickeln, die es ihnen ermöglichen, die Krankheitssymptome zu kompensieren und für sich Perspektiven zu finden. In welchem Maße damit auch eine ausreichende Lebensqualität gesichert ist, das bleibt selbstverständlich offen. Ebenso ist ungeklärt, in welchem Ausmaß sich Ersatzsymptome ausbilden. Immerhin rechtfertigen die Verlaufsuntersuchungen einen vorsichtigen Optimismus und zeigen den Wert der individuellen Krankheitsbewältigung.

Diagnostische Kriterien

Zur Klärung der Diagnose ist im Sinne der Operationalisierung zu prüfen, ob die Kriterien der Diagnose erfüllt sind oder auch nicht. Es existieren leider noch unterschiedliche Kriterienkataloge, von denen sich die wichtigsten in der amerikanischen Klassifikation DSM-IV und in der WHO-Klassifikation ICD-10 finden. Im Folgenden sollen die Kriterien des DSM-IV vorgestellt werden, weil darin die Kriterien sehr genau umrissen sind.

Borderline-Persönlichkeitsstörung nach DSM-IV

Ein tief greifendes Muster von Instabilität in zwischenmenschlichen Beziehungen, im Selbstbild und in den Affekten sowie von deutlicher Impulsivität prägt dieses Störungsbild. Der Beginn liegt im frühen Erwachsenenalter und manifestiert sich in den verschiedenen Lebensbereichen.

Mindestens fünf der folgenden Kriterien müssen erfüllt sein:

1. Verzweifeltes Bemühen, tatsächliches oder vermutetes Verlassenwerden zu vermeiden. Beachte: Hier werden keine suizidalen oder selbstverletzenden Handlungen berücksichtigt, die in Kriterium 5 enthalten sind.

ERLÄUTERUNG: Die Fähigkeit, allein sein zu können, ist von der inneren Sicherheit abhängig. Dabei spielt die Fähigkeit eine Rolle, die nicht anwesenden Personen »im Herzen zu tragen«. Häufig geschieht das mit Hilfe von Übergangsobjekten (etwa Bilder, Erinnerungen, Erwartungen). Gelingt die Ausbildung dieser »inneren Objekte« nicht, stellt sich ein Gefühl der Einsamkeit ein.

2. Ein Muster instabiler, aber intensiver zwischenmenschlicher Beziehungen, das durch einen Wechsel zwischen den Extremen der Idealisierung und der Entwertung gekennzeichnet ist.

ERLÄUTERUNG: Zwischenmenschliche Bindungen entwickeln sich im Spannungsfeld von Sicherheit und Entwicklung. Beziehungen folgen damit immer einer Dialektik, also einer Abfolge von Widersprüchen. Damit wird die Lebendigkeit der Bindung erhalten. Bindungen sind auch unterschiedlich intensiv, abhängig davon, welche Funktion diese Bindung hat. Die Kontinuität von Bindungen ist von der grundsätzlichen Akzeptanz der Dialektik abhängig, denn in jeder Beziehung tauchen nach einiger Zeit Widersprüche und Störungen auf. Diese Störungen können dann nur durch »Verhandlungen« aufgelöst werden, womit die Beziehung dann immer wieder neu definiert werden muss.

3. Identitätsstörung: ausgeprägte und andauernde Instabilität des Selbstbildes oder der Selbstwahrnehmung.

ERLÄUTERUNG: Die Identität bildet sich im jungen Erwachsenenalter aus und ist das Ergebnis von Suche und Entscheidung. Die Identität ist eng verbunden mit dem Selbstbild. Das Selbstbild setzt sich aus einer Stellungnahme (so bin ich) und einer Bezugnahme (im Verhältnis zu anderen) zusammen. Das Selbstbild ist allerdings ständigen Veränderungen unterworfen, wobei ein Gefühl der Sicherheit (Selbstbewusstsein, Selbstvertrauen) Grundlage dafür ist, dass Entwicklungsschritte vollzogen werden können (Selbstfindung).

4. Impulsivität in mindestens zwei potenziell selbstschädigenden Bereichen (Geldausgaben, Sexualität, Substanzmissbrauch, rücksichtsloses Fahren, »Fressanfälle« etc.). Beachte: Hier werden ebenfalls keine suizidalen oder selbstverletzenden Handlungen berücksichtigt, die in Kriterium 5 enthalten sind.

ERLÄUTERUNG: Die Seele produziert fortlaufend Impulse, von denen nur ein Teil mit Hilfe eines Motivs in sinnvolles Handeln umgesetzt werden kann. Andere Impulse müssen hingegen kontrolliert und sicherlich auch abgewehrt werden. Gelingt die Kontrolle nicht, dann können unnütze oder gar gefährliche Impulse nicht unterdrückt werden. Eine Impulskontrollstörung ist dann die Folge. Impulshandlungen haben eine große Chance, wieder aufzutreten, wenn mit der Handlung der Abbau innerer Spannungen gelingt, etwa durch Substanzmissbrauch. Hier besteht die Gefahr, dass die Handlung damit »konditioniert« wird, also immer wahrscheinlicher wird und auch zunehmend eintritt.

5. Wiederholte suizidale Handlungen, Selbstmordandeutungen oder -drohungen oder Selbstverletzungsverhalten.

ERLÄUTERUNG: Wiederholte Suizidgedanken und suizidale Handlungen sind ein großes Problem für Betroffene, zumal sich diese Gedanken häufig insbesondere in Stress-Situationen passiv aufdrängen. Sie heften sich dabei oft an innere Spannungszustände, wobei die Vorstellung entsteht, dass dieser Spannung nur durch den Suizid entgangen werden kann. Ähnliches gilt für das selbstverletzende Verhalten. Viele Betroffene berichten, dass allein dadurch die Reduktion innerer Spannungen gelingt. Dies kann dann fast alle anderen Lösungsansätze verdrängen. Die Selbstverletzungen sind weniger mit dem Erleben von Schmerzen verbunden als vielmehr mit einem Gefühl der Erleichterung. Die Wirksamkeit des selbstverletzenden Verhaltens hängt stark mit der Ausschüttung körpereigener Morphine (die sogenannten Endomorphine) zusammen.

Ein Problem des selbstverletzenden Verhaltens ist das dabei entwickelte Schamgefühl, denn häufig treffen diese Verhaltensweisen bei den Betroffenen selbst, aber auch bei anderen auf Ablehnung. Das Schamgefühl kann dann zur Folge habe, dass die Konsequenzen verborgen werden. Die Verstärkung des Gefühls der Einsamkeit ist die Folge.

6. Affektive Instabilität infolge einer ausgeprägten Reaktivität der Stimmung, etwa hochgradige episodische Dysphorie (Freudlosigkeit), Reizbarkeit oder Angst, wobei diese Verstimmungen gewöhnlich einige Stunden und eher selten mehr als einige Tage andauern.

ERLÄUTERUNG: Stimmungswechsel sind bei Menschen die Regel, wobei immer innere und äußere Bedingungen die Stimmung prägen. Instabilität der Stimmung, insbesondere dann, wenn die Gründe für die Stimmungswechsel nicht erkennbar sind, führen jedoch zu einer weitreichenden Verunsicherung.

Auf die Frage, welche Anzeichen der Störung sie an sich wahrnehme und wo, antwortete eine Patientin: »Vor allem im zwischenmenschlichen Bereich. Ich fühle mich schnell angegriffen, selbst bei Lappalien, und werde aggressiv. Ich habe kein Ziel für mein Leben und fühle mich oft so verzweifelt, dass ich lieber tot wäre. Habe so schlimme seelische Schmerzen, dass ich oft denke, ich kann nicht mehr. Will dann nur noch, dass es vorbeigeht und endlich aufhört, kann während der Zeit nicht normal funktionieren. Ich habe so viele Widersprüche in mir und so ambivalente Gefühle. Dieses Chaos kann ich nicht beherrschen. Diese inneren Kämpfe sind schlimm.«

7. Chronische Gefühle von Leere.

ERLÄUTERUNG: Das Erleben resultiert immer aus inneren und äußeren Reizen. Ein Vehikel innerer Reize ist die Erinnerung, die ja im Grunde eine Form der Erzählung ist. Die Erinnerung ruft aber auch die Emotionen zurück, die mit den vergangenen Geschehnissen verbunden sind. Problematisch sind daher Erinnerungen, die mit negativen Gefühlen gekoppelt sind. Um sich davor zu schützen, schalten viele Betroffene die inneren Reize aus und werden damit umso abhängiger von äußeren Reizen. Das Resultat sind unangenehm starke Gefühle von Leere und Langeweile.

8. Unangemessene, heftige Wut oder Schwierigkeiten, die Wut zu kontrollieren (z.B. häufige Wutausbrüche, andauernde Wut, wiederholte körperliche Auseinandersetzungen).

ERLÄUTERUNG: In der ICD-10 wird diese Form der Impulsivität als eigenständiges Problem gesehen. Emotionen spielen im Umgang mit anderen eine sehr große Rolle. Sie haben dabei den Charakter von Hintergrundeinstellungen und färben Ergebniserwartungen. Sie helfen in der Regel dabei, in Situationen angemessen und zielgerichtet zu reagieren, weil durch Emotionen Verhaltensprogramme aktiviert werden, die eine schnelle und sichere Reaktion ermöglichen. Angst beispielsweise signalisiert Gefahr, Wut, Kampfbereitschaft etc. Emotionen sind aber nur dann hilfreich, wenn sie passen und angemessen sind, weil sonst erhebliche Störungen in den sozialen Beziehungen folgen.

9. Vorübergehende, durch Belastungen ausgelöste paranoide Vorstellungen oder schwere dissoziative Symptome.

ERLÄUTERUNG: Die Borderline-Störung ist sicherlich keine Variante der paranoiden Psychose! Trotzdem treten im Rahmen dieser Störung gehäuft paranoide Symptome auf. Damit ist eine Wahrnehmung gemeint, bei der eine Vielzahl von Reizen der Umgebung in einer bestimmten Form auf die eigene Person bezogen werden. Einfache Formen solchen Denkens sind etwa Ideen wie »Alle haben etwas gegen mich«, »Ich werde von den anderen sehr kritisch beobachtet« etc. Verstärken sich solche Befürchtungen, so können Ideen wachsen wie »Man sieht mir meine Störung an, die anderen wollen mir Übles und verfolgen mich« u. Ä. Dissoziative Symptome sind mit Einschränkungen als Tagträume zu umschreiben. Dabei kann die Realitätskontrolle abhandenkommen.

In der ICD-10 wird entgegen den Kriterien des DSM-IV mehr die emotionale Instabilität in den Vordergrund geschoben. Der Oberbegriff lautet entsprechend auch »emotional instabile Persönlichkeit«. Hierunter wird dann ein Borderline-Typ von einem impulsiven Typ unterschieden. Letzteres markiert den Übergang zu anderen Formen der Instabilität, wie etwa Reizbarkeit, Verwicklung in aggressive Auseinandersetzungen, Neigung zu Impulsdurchbrüchen und Ähnliches.

Die Borderline-Störung tritt sehr häufig im Zusammenhang mit anderen psychischen Erkrankungen auf, etwa Ess-Störungen, Depressionen, Störungen der Sexualität, Zwangs- und Ticstörungen, Suchterkrankungen. Diese Begleiterkrankungen sind gelegentlich Grund für die Suche nach Hilfe. Erst im Rahmen der Behandlung oder Psychotherapie wird dann die Borderline-Störung deutlich. Dabei können die Verknüpfungen vielfältig sein. Einige Störungen entstehen als Folge der Borderline-Störung (etwa depressive Symptome) oder sind als Bewältigungsversuche zu verstehen (etwa Ess-Störungen oder Substanzmittelmissbrauch), andere verstärken noch die Probleme der Borderline-Störung.

In jüngster Zeit verdichten sich die Hinweise, dass ein Teil der Borderline-Betroffenen gleichzeitig unter einem Aufmerksamkeitsdefizit-Hyperaktivitätssyndrom (ADHS) leiden, also zusätzlich Schwierigkeiten bei der Aufmerksamkeit und Konzentration haben. Kontrovers wird der Zusammenhang mit der Posttraumatischen Belastungsstörung (PTBS) diskutiert. Sicher finden sich bei Borderline-Kranken gehäuft in der Entwicklung Traumatisierungen im Sinne von Vernachlässigung, Gewalt und sexuellem Missbrauch, sodass schon einige Fachleute die Borderline-Störung als Variante der Posttraumatischen Belastungsstörung gesehen haben. Allerdings trifft dies nur auf einen Teil der Betroffenen zu, was eher für eine parallele Entwicklung beider Störungen spricht.

MERKE Bei der Borderline-Erkrankung tritt eine Vielzahl von Symptomen auf, die teilweise auf die Grundbedingungen der Erkrankung zurückgeführt werden können, aber auch Reaktionen darauf sind. Viele Symptome der Erkrankung sind unspezifisch und kommen auch bei anderen psychischen Erkrankungen vor, sodass die Diagnose oft zu schnell gestellt wird. Eine Borderline-Erkrankung ist häufig noch mit anderen psychischen Erkrankungen verbunden.

Charakteristische Problembereiche der Erkrankung

Die Kriterien der Borderline-Störung verdeutlichen, dass es in erster Linie zur Beeinträchtigung der inneren Ausgeglichenheit und zu Störungen in den sozialen Beziehungen kommt. Dies hat zum Teil erhebliche Konsequenzen für die Gestaltung des Alltags, den Umgang mit anderen Menschen, die Auswertung von Erfahrungen und die Entwicklung einer angemessenen Lebensperspektive. Im Folgenden sollen einige Bereiche, in denen sich die Störung bemerkbar machen kann, beschrieben werden.

Bewältigung von Aufgaben und Problemen

Die starken Schwankungen der Stimmung, das unsichere Selbstbild, die Schwierigkeiten bei der Gestaltung von Beziehungen und die Probleme mit dem Alleinsein führen dazu, dass die eigene Kompetenz bei der Bewältigung von Aufgaben und Problemen starken Schwankungen unterliegt. Dies kann dazu führen, dass die Kompetenz von den Betroffenen selbst und der Umgebung *über*schätzt wird. Insbesondere in Krisensituationen kann es dann zu Überforderungen kommen. Erschwerend ist, dass die Störung die Möglichkeiten der Betroffenen reduziert, auf die eigenen Ressourcen zurückzugreifen. Techniken, sich zu beruhigen oder in Stress-Situationen die Übersicht zu bewahren, fehlen dann häufig.

Nutzen von Hilfequellen

Jeder Mensch ist in der einen oder anderen Form auf soziale Unterstützung angewiesen. Je nach Fragestellung kann zwischen instrumenteller, emotionaler und gedanklicher Unterstützung unterschieden werden. Durch die Beeinträchtigungen in der Beziehungsgestaltung bei einer Borderline-Störung können oft die Hilfequellen des sozialen Netzes nicht angemessen genutzt werden. Vor allem das Zusammenspiel von Geben und Nehmen funktioniert nicht. Andere Menschen haben dann Schwierigkeiten, mit den starken Stimmungsschwankungen umzugehen. Die einen wenden sich ab oder reagieren wütend, andere verhalten sich überfürsorglich oder vergessen ihre eigenen Grenzen. Eine Störung, die sich durch Ungeduld auszeichnet, löst auch beim anderen Ungeduld aus. Charakteristischerweise übertragen sich auch die inneren Spannungen und Unsicherheiten auf die Umgebung, sodass man im Umfeld von Borderline-Kranken häufig starke Spannungen und Auseinandersetzungen beobachten kann. Das gilt auch für den Kreis der Helfer.

Um die starken inneren Impulse auszugleichen, haben viele Betroffene zudem eine Fülle von Kontrollstrategien entwickelt, die sich auf die Beziehungsgestaltung auswirken. Diese Art der Überlebensstrategie führt beim Gegenüber oft zu einem Gefühl des »Manipuliertwerdens«. Daraus resultiert ein mehr oder weniger offen ausgetragener Kampf um Kontrolle. Ähnliches gilt für die Tendenz vieler Betroffener, aus einem Schamgefühl die Auswirkungen der Störung zu verbergen und damit eine offene Beziehungsgestaltung zu erschweren. Viele Partner und Freunde fühlen sich dabei getäuscht und ausgenutzt. Das Gefühl, »nicht verstanden zu werden«, kann sich unter solchen Umständen verstärken.

Auswertung von Erfahrungen

Grundsätzlich lässt sich aus jeder Krise lernen. Unter Stressbedingungen werden aber viele Informationskanäle geschlossen, was die Auswertung einer Situation erschwert. Die Borderline-Störung führt über schnelle und ausgeprägte emotionale Reaktionen zu einem fortwährenden Anspannungszustand. So bleiben wichtige situative Informationen verborgen, Erfahrungen können nicht angemessen ausgewertet werden und erwartete Verhaltensänderungen stellen sich nicht ein.

Aus Not neigen daher viele Betroffene dazu, einmal eingeschlagene Lösungswege ständig zu wiederholen, auch wenn sich diese in der Vergangenheit als ungeeignet herausgestellt haben. Die oben bereits beschriebene Tendenz zur Unoffenheit erschwert die Erfahrungsbildung zusätzlich. Die Unsicherheiten im Umgang mit Menschen verstärken das Misstrauen gegenüber anderen. Gut gemeinte Ratschläge verfehlen so ihr Ziel und kehren sich in der Wahrnehmung der Betroffenen ins Gegenteil um.

Bewältigung von Krisensituationen

Betroffene schildern ihre Lebenssituationen selbst als eine permanente Krise. Die unzureichenden Möglichkeiten, sich in

Stress-Situationen zurechtzufinden, nicht ausreichende Bewältigungsstrategien und die mangelnde Fähigkeit, sich soziale Unterstützung zu holen, führen dazu, dass bei der Bewältigung von Problemen und Krisen Spannungen weiter eskalieren. Die Unfähigkeit, Spannungen abzubauen, führt wiederum zu weiteren Spannungen und so entsteht ein Teufelskreis. Das Stolpern von einer Krise in die andere unterbricht die Kontinuität des Lebens erheblich. Bei vielen entsteht daraufhin das Gefühl, in der eigenen Entwicklung stillzustehen. Das nährt Hoffnungslosigkeit und Resignation.

Probleme bei der Bewertung von Situationen

Emotionale Reaktionen prägen wesentlich Bewertungen und Urteile. Etwas gut oder schlecht zu finden, freundlich oder feindselig, interessant oder langweilig hat immer etwas mit dem Gefühl zu tun, das sich in einer Situation einstellt. Emotionen ermöglichen zusammen mit den gedanklichen Auseinandersetzungen eine Art Orientierung. Die emotionale Reaktion geht in der Regel der gedanklichen Aufarbeitung zeitlich voraus und ist so prägend für die spontane Reaktion. Borderline-Betroffene zeigen aufgrund ihrer Störung oft starke emotionale Reaktionen, die durch die gedankliche Aufarbeitung nur verzögert und unvollständig korrigiert werden können. Die Folge sind Fehler bei der Bewertung von Situationen. In diesem Zusammenhang wird Borderline-Kranken oft ein Schwarz-Weiß-Denken unterstellt, was allerdings eine unzulässige Vereinfachung der Probleme darstellt.

Emotionen sind sicherlich eine wesentliche Quelle der Sicherheit innerhalb von Beziehungen. Die Wahrnehmung des anderen als freundlich, liebevoll, feindselig oder ablehnend hilft, die richtige Distanz oder Nähe zu finden und das Verhalten des anderen in gewissen Grenzen vorherzusehen. Schwieriger und mitunter ängstigend sind Situationen, denen keine eindeutige Emotion zugeordnet werden kann, etwa bei einer überraschenden Ankündigung durch den Partner. Der Versuch, in einer solchen Situation eine emotionale Klärung zu erreichen, kann die Situation noch komplizieren und das Misstrauen erhöhen. Ist der Partner wirklich zugewandt, der Helfer tatsächlich positiv eingestellt oder der Kollege in jedem Falle fair? Diese Fragen sind oft nicht eindeutig zu beantworten. Die damit verbundene Unsicherheit kann zur Quelle von Ängsten werden, die wiederum Verhaltensweisen anstoßen, die Absichten des anderen zu überprüfen und auf die Probe zu stellen. Die Ängste können aber vor allem einen umfassenden Blick auf den anderen, auf seine Bedürfnisse und Erwartungen verstellen und so Ausgangspunkt für eine krisenhafte Zuspitzung innerhalb der Beziehung werden. Diese Konstellation ist etwa häufig der Grund für Schwierigkeiten bei der Kooperation bei einer stationären Behandlung, weil der Betroffene hier auf sehr unterschiedliche Haltungen von Helfern trifft, die nicht immer unter einen Hut zu bringen sind.

MERKE **Im Zusammenhang mit der Borderline-Störung kommt es zu vielen Schwierigkeiten bei der Alltagsbewältigung. Insbesondere die emotionale Bewältigung von Problemen, die Gestaltungen von Beziehungen und die Bewertung von Situationen sind erschwert.**

Durch die verschiedene Verwendung des Begriffes findet sich eine Vielzahl von psychologischen Erklärungsmodellen der Erkrankung, von denen allerdings eine Reihe heute nur noch historischen Charakter hat. Es gibt aktuell vorrangig zwei wesentliche Sichtweisen, die sich zudem bei näherer Betrachtung ergänzen.

Das Modell der Objektpsychologie

Das Modell der Objektpsychologie sieht die Borderline-Störung vor dem Hintergrund der Beziehung des betroffenen Menschen zur eigenen Person und zu wichtigen Bezugspersonen. Angenommen wird dabei eine recht früh stattfindende Störung in der Beziehungsgestaltung.

Umwelt wird durch Beziehungen erfahren. Hier bilden sich schon sehr früh sogenannte »innere Objekte« aus, das heißt Erwartungen, wie der andere wahrscheinlich reagieren wird. Solche Erwartungen werden mit Emotionen verbunden, die eine soziale Orientierung erleichtern. Der andere muss dann nicht jeweils immer wieder neu eingeschätzt und eingeordnet werden. Entspricht aber der andere den Erwartungen des inneren Objektes nicht, wird in der Regel Angst ausgelöst. Daher ist es besonders schwierig, wenn in einer Beziehung Ambivalenz entsteht. Mit Ambivalenz ist ein innerer Zustand gemeint, bei dem die emotionale Verfassung nicht eindeutig wird, weil eine Synthese sich teilweise widersprechender Eindrücke notwendig ist. Dieser Vorgang ist dialektisch, weil Widersprüche überwunden und eingeordnet werden müssen. Das Ergebnis eines solchen

Vorgangs ist jedoch eine realistischere Vorstellung der Welt, weil nur wenige Objekte im menschlichen Leben nur gut oder nur schlecht sind.

Der emotionale Umgang mit Ambivalenz muss aber gelernt werden, ein Prozess, der im Grunde nie abgeschlossen wird, weil es immer wieder neue Situationen gibt, in denen Ambivalenz entsteht. Auch später gelingt es nur mit mehr oder weniger Erfolg, diese Situationen dialektisch zu lösen, weil sich immer wieder Ängste einstellen.

Die Entwicklung des Selbstbildes steht in einem engen Zusammenhang mit der Ausbildung von inneren Objekten. Ein Satz wie »Mein Vater war sehr streng mit uns, deswegen bemühe ich mich heute gegenüber meinen eigenen Kindern tolerant zu sein« macht diese Wechselbeziehung deutlich. So lassen sich für jeden Menschen spezifische innere Selbst- und Objektbilder beschreiben.

Die Theorie zur Entstehung der Borderline-Störung, die sich auf die Objektpsychologie bezieht, setzt genau an diesem Punkt an. Nach ihr wird der Umgang mit Ambivalenz erst später gelernt und das Kind ist daher zunächst darauf angewiesen, positive und negative Eindrücke von Objekten getrennt wahrzunehmen. Die unterschiedlichen emotionalen Qualitäten, etwa Freude und Wut, bleiben so unvermittelt nebeneinander erhalten, also voneinander abgespalten. Dabei handelt es sich um einen Abwehrmechanismus, der durch Spaltung Angst vermeiden hilft. Wird später der dialektische Umgang mit Ambivalenz nicht gelernt, ist der Betroffene weiter darauf angewiesen, in der Wahrnehmung bei der Spaltung zu bleiben. Im Leben wird es aber immer wieder Situationen geben, in denen Ambivalenz entsteht und die allein mit Schwarz-Weiß-Denken nicht gut gelöst werden können. Die Gefahr ist groß, dass Situationen falsch eingeschätzt werden und Angst entsteht. Diese Angst muss bewältigt und entaktualisiert werden. Dazu können beispielsweise Kontrollversuche eingesetzt werden. Dabei wird der andere dazu gebracht, genau entsprechend den Erwartungen zu reagieren. Wenn das nicht gelingt, wird die Beziehung zum Objekt radikal abgebrochen, wenigstens zeitweise. Auch die Verleugnung von Widersprüchen kann eine Strategie zur Verminderung von Angst sein.

Nach dem Modell der Objektpsychologie ist es also die relative Unfähigkeit, dialektisch wahrzunehmen und zu handeln, die den Betroffenen dazu zwingt, den Mechanismus der Spaltung aufrechtzuerhalten. Die aus der Not im weiteren Verlauf entwickelten Strategien zur Angstbewältigung sind es, die dann zu einer Borderline-Störung führen. Dieses Modell erklärt also vor allem die spezifischen Beziehungsmuster, die bei dieser Störung zu beobachten sind.

Das Modell der »emotionalen Instabilität«

In diesem Modell wird von einer Fehlfunktion der Gefühlssteuerung ausgegangen. Eine erhöhte Empfindlichkeit gegenüber gefühlsauslösenden Reizen, eine höhere Dichte der wahrgenommenen Gefühle und eine verzögerte Rückbildung von Erregung führen nach diesem Modell zu immer wieder auftretenden Spannungszuständen, die als kaum kontrollierbar erlebt werden. Um diese Spannungszustände in den Griff zu bekommen, entwickeln sich spezifische Verhaltensmuster wie Selbstschädigung, aufbrausende Reaktionen und chronische Suizidalität. Derartiges Verhalten führt dann regelmäßig zu einer Minderung der als unerträglich erlebten Spannung. Die Beziehungsgestaltung wird durch die Tendenz zur emotionalen Instabilität ebenfalls beeinflusst. Immerhin sind es ja die Gefühle, die bei der Beziehungsgestaltung und Beziehungsregulation eine zentrale Rolle spielen.

Beim Säugling dient die Äußerung von Gefühlen der Beeinflussung des Verhaltens der Bezugsperson. Die Reaktion der Bezugsperson bestätigt (validiert) die Gefühle und dies führt zur Ausbildung gedanklich-emotionaler Muster bzw. Schemata. Diese Muster entstehen dabei aus einer relativ stabilen Kopplung von Wahrnehmungselementen, emotionalen Reaktionen, episodischen Gedächtnisinhalten und gedanklichen (kognitiven) Bewertungen. Der Mensch verfügt dabei über relativ kulturunabhängige Basisemotionen wie Traurigkeit, Zorn, Ekel und Freude, die jeweils eine entwicklungsgeschichtlich herausgebildete Funktion haben und mit den Grundbedürfnissen im Verhältnis stehen. Andere Emotionen, wie etwa Scham, Schuld, Hoffnung, Sehnsucht und Unsicherheit, sind wiederum einem starken kulturellen Einfluss ausgesetzt.

Emotionen stellen im Grunde ein bereits relativ vielseitiges Signalsystem dar. Anders als der Schmerz sind Emotionen durch Erfahrungen leichter zu beeinflussen, haben aber wie dieser Schnittstellen zum Körper und zu vielen anderen psychologischen Systemen, etwa dem Denken. Allerdings lassen sich Emotionen durch Gedanken nicht unmittelbar verändern oder hervorrufen. Im Zusammenwirken von Wahrnehmung, Beurteilung, Ausdruck von Gefühlen, Handlungen und Erfolgskontrolle ist es dem Menschen möglich, oft automatisiert individuelle und zwischenmenschliche Bedürfnisse auszubalancieren. Eine solche Balance entwickelt sich aber nur dann, wenn es im Zusammenhang mit dem jeweiligen Reifungsgrad zu einer Bestätigung der wahrgenommenen Gefühle durch die Außenwelt kommt. Erst im Zusammenspiel von Gefühlsbereitschaft und Antwort der Umgebung scheint sich die Fähigkeit zur selbstständigen Regulation von Gefühlen zu entwickeln. Wenn ein Kind, das hochempfindlich auf seine Umgebung reagiert und unter starken Gefühlsschwankungen leidet, in einer Umgebung aufwächst, die seine Gefühlsschwankungen toleriert und in sozialverträgliche Bahnen lenkt, kann daraus eine relativ normale Entwicklung resultieren.

Borderline-Patienten wachsen hingegen häufig in einem Umfeld auf, das dazu neigt, angemessene Reaktionen des Kindes zu missachten oder gar zu bestrafen. Die emotionalen Mitteilungen des Kindes stoßen in einer solchen Umgebung auf unangemessene, unberechenbare und extreme Reaktionen. Vor allem schmerzhafte Gefühle und die solche Gefühle auslösenden Ursachen werden nicht wahrgenommen. Dies führt zu einer wachsenden Diskrepanz zwischen den persönlichen Erfahrungen des Kindes und dem, was durch die Umwelt bestätigt wird. Das heranwachsende Kind versucht diese Defizite auszugleichen, ohne über angemessene Handlungs- und Kommunikationsmöglichkeiten zu verfügen. So bleiben diese Bewältigungsversuche unvollständig. Dies hat notgedrungen zur Folge, dass Gefühle und inneres Erleben nicht mehr so deutlich wahrgenommen werden können. Vor allem entsteht die Neigung, inneres Erleben durch motorische oder sprachliche Aktivitäten zu überdecken. Zudem kann sich ein zunächst erfolgreich scheinender und damit verfestigter Bewältigungsstil später als Handicap herausstellen. Ein solcher Prozess ist vor allem in Familien möglich, in denen Gewalt und (sexueller) Missbrauch stattfinden. In den Lebensgeschichten von Borderline-Patienten finden sich daher in einem hohen Prozentsatz schwerwiegende Vernachlässigungen und Erfahrungen mit sexueller und körperlicher Gewalt. Kinder mit solchen Erfahrungen leben in dem Dilemma, dass die geliebte primäre Bezugsperson und der gewalttätige Täter sich in einer Person vereinen. Dieses zwiespältige Beziehungsmuster beeinflusst und prägt spätere Beziehungen, auch therapeutische.

Bewertung der beiden psychologischen Modelle

Obwohl sich die Grundannahmen der dargestellten Modelle unterscheiden (emotionale Instabilität gegenüber unzureichend ausgebildeten Objektbeziehungen), finden sich in der praktischen Umsetzung viele Gemeinsamkeiten. So ergibt sich auch für die psychologischen Theorien eine gewisse Mehrseitigkeit, was vielleicht gut zu der eigentlichen Störung passt.

Das Modell der emotionalen Instabilität ist etwas besser durch Forschungsergebnisse gesichert. Zudem treffen die ursprünglichen Annahmen der Objekttheorie, nämlich dass die Störung in frühester Kindheit angelegt wird, sicherlich nicht in dieser Ausschließlichkeit zu. Säuglinge haben schon zu Beginn ein sehr gut ausgebildetes Wahrnehmungssystem und die Entwicklung innerer Selbst- und Objektbilder zieht sich sicherlich über einen längeren Zeitraum hin. Nichtsdestotrotz lassen sich durch die emotionale Instabilität allein viele Phänomene der Störung nicht erklären.

Es ist erstaunlich, wie wenig eigentlich darüber bekannt ist, welche Entwicklung die Borderline-Störung im Laufe des Lebens nimmt. Auch wenn man berücksichtigt, dass ein Teil der Betroffenen durch die Störung frühzeitig stirbt, spricht die viel geringere Verbreitung der Störung bei älteren Menschen dafür, dass die Problematik mit steigendem Alter abnimmt. Möglicherweise kommt es zu einem Wechsel der Symptome, beispielsweise zum Auftreten von depressiven Störungen. Da nur ein kleiner Teil der Betroffenen eine Therapie in Anspruch nimmt, muss es im normalen Leben Faktoren geben, die eine positive Veränderung fördern. Über den Charakter dieser Faktoren lässt sich durch den geringen Kenntnisstand allerdings nur spekulieren.

Im Allgemeinen steigt mit dem Alter der Zuwachs an Erfahrungen, gleichzeitig nimmt das Ausmaß spontaner emotionaler Reaktionen ab. Dies führt etwa dazu, dass mehr alltägliche Abläufe automatisch erfolgen. Dieser Gewinn an Routine mag die Fähigkeit, mit Stimmungsschwankungen umzugehen, begünstigen. Zudem verändern sich in den unterschiedlichen Lebensphasen die spezifischen »Aufgabenstellungen« und damit die Anforderungen.

Schließlich können auch die körperlichen Veränderungen einen Beitrag zur Überwindung der Störung leisten. Sehr viel bedeutender erscheinen aber die sozialen und partnerschaftlichen Veränderungen, etwa die Erarbeitung eines eigenen Wertesystems. Nicht nur die eigene Partnerwahl oder der Einstieg ins Berufsleben, sondern auch die Geburt eigener Kinder können eine positive Veränderung begünstigen.

Die geschilderten Faktoren können aber sicher nur dann ihren positiven Effekt entwickeln, wenn es dem Betroffenen gelingt, die eigenen Ressourcen zu aktivieren, sich soziale Unterstützung zu sichern und vor allem: Verantwortung für sich zu übernehmen.

MERKE **Die psychologischen Grundlagen der Borderline-Störung scheinen recht vielfältig zu sein. Besonderheiten bei der Beziehungsgestaltung mit primären Bezugspersonen und lange wirksame emotionale Erfahrungen spielen eine Rolle. Die Faktoren, die dann zu einer Milderung und Heilung führen, sind noch wenig bekannt.**

Wichtige psychologische Faktoren im Zusammenhang mit der Borderline-Störung

Die Borderline-Störung wird wie auch die anderen Persönlichkeitsstörungen mit psychologischen Fertigkeiten in Verbindung gebracht, die zur Lösung der jeweiligen Lebensaufgaben vorhanden sein oder entwickelt werden müssen. Es ist daher naheliegend, sich die unterschiedlichen Ebenen dieser Fertigkeiten näher anzuschauen:

1. Die Fertigkeit, ein (Handlungs-)Ziel zu finden, es zu verfolgen und Entscheidungen zu treffen.

Eine selbstverständliche Grundlage menschlicher Aktivität ist die Fähigkeit zum zielgerichteten (intentionalen) Handeln. Dabei gründet das Ziel auf *Motiven*, die die Rolle eines Energiespenders haben. Motive lassen sich wiederum auf Grundbedürfnisse zurückführen, die fest verankert sind. Zu den Grundbedürfnissen gehört, abgesehen von den körperlichen:

- das Bedürfnis nach Sicherheit (Orientierung und Kontrolle),

- das Bedürfnis nach Lustgewinn und Unlustvermeidung,
- das Bindungsbedürfnis,
- das Bedürfnis nach Anerkennung (Selbstwerterhöhung und Selbstwertschutz),
- das Bedürfnis nach neuen Erfahrungen (Neugier, Entdeckung).

Die zur Befriedigung dieser Grundbedürfnisse entwickelten Motive werden aber nur dann in Verhalten umgesetzt, wenn zwischen verschiedenen Handlungsmöglichkeiten entschieden wird. An dieser Entscheidung haben nicht nur bewusste, sondern auch viele unbewusste und automatisierte Vorgänge einen Anteil. Emotionen spielen in diesem Prozess eine zentrale Rolle, sodass insbesondere die Basisemotionen sehr eng mit der Befriedigung von Grundbedürfnissen gekoppelt sind.

Die Befriedigung verschiedener Grundbedürfnisse kann allerdings auch in Widersprüche führen, etwa bei den beiden Bedürfnissen nach neuen Erfahrungen und nach Bindung. Ebenfalls finden sich Situationen, in denen das Grundbedürfnis nach Sicherheit und das Bedürfnis nach Lustgewinn sich überschneiden. In einer solchen Situation entstehen Motivationskonflikte und noch stärker die Notwendigkeit einer Entscheidung. Es gibt viele Hinweise darauf, dass aus diesen Konflikten psychische Krankheiten entstehen können. Dies gilt sicherlich auch für die Entstehung einer Borderline-Störung, bei der schon aufgrund der emotionalen Instabilität Motivationskonflikte programmiert sind.

2. Die Fertigkeit, eine stabile und positive Identität (Selbstbild) auszubilden.

Die Identität ist eine Art Plattform, von der aus das Verhältnis zur inneren und äußeren Welt gestaltet wird. Die Identität entwickelt sich in einem Prozess der Suche und Entscheidung. Bei der Identität lassen sich verschiedene Komponenten unterscheiden. So dient die Identität zunächst dazu, ein realistisches Bild von den eigenen Möglichkeiten und Grenzen zu bekommen. Das beinhaltet einen sicheren Umgang mit Erwartungen. Bedeutsam ist die sogenannte *Selbstwirksamkeitserwartung*. Diese Erwartung bezieht sich auf die Folgen eines Verhaltens auf das eigene Wohlbefinden. Eine weitere Komponente der Identität ist die Bestimmung des eigenen Wertes, wobei zu einer sicheren Identität selbstverständlich ein positives *Selbstgefühl* gehört. Zuletzt hat die Identität einen wesentlichen Einfluss auf die *Kontrollüberzeugung*. Damit ist der Umfang gemeint, wie sehr Ereignisse auf eigene (internale) oder fremde (externale) Einflüsse zurückgeführt werden, also die Frage: Lenke ich mein Leben selbst? Eine stabile Identität ist an eine vorwiegend internale Kontrollüberzeugung gebunden, jedoch nur dann, wenn diese Überzeugung auf einer angemessenen Kompetenz beruht.

Bei der Borderline-Erkrankung ist die Identitätsentwicklung in jedem Fall erschwert, denn die Betroffenen können in der Regel kaum Aussagen zu ihren Selbstwirksamkeitserwartungen machen, verfügen meist über ein ausgesprochen negatives Selbstbild und zudem dominiert oft eine ausgeprägte externale Kontrollüberzeugung. Es ist daher kein Wunder, dass die Förderung eines stabilen und positiven Selbstbildes ein zentrales Element des Heilungsprozesses darstellt.

3. Die Fertigkeit, mit anderen Menschen zu kommunizieren, Beziehungen aufzubauen, zu erhalten und gegebenenfalls zu lösen.

Zwischenmenschliche Fertigkeiten sind eine Voraussetzung, um insbesondere das Grundbedürfnis nach Bindung zu realisieren. Sie bilden die Grundlage der Teilhabe an sozialen Prozessen und sichern soziale Unterstützung. Ein zentraler Aspekt zwischenmenschlicher Fertigkeiten ist die *soziale Kompetenz*, also die Fertigkeit, eigene Bedürfnisse zu benennen und zu verfolgen, allerdings bei gleichzeitiger Berücksichtigung anderer Personen. Psychische Erkrankungen führen zunächst grundsätzlich zu einem Dilemma, denn die Betroffenen sind vermehrt auf soziale Unterstützung angewiesen, sind aber oft aufgrund ihrer Krankheit nicht in der Lage, die Interessen des jeweils anderen entsprechend zu würdigen bzw. auf sie einzugehen. Daher zeigen die meisten psychisch Kranken in der Regel unterschiedliche Einschränkungen der sozialen Kompetenz. Das gilt auch für Borderline-Kranke. Zunächst sind viele aufgrund des Gefühls der inneren Leere auf die Anwesenheit von anderen angewiesen. Die emotionale Instabilität erschwert aber die Abstimmung innerhalb der Beziehung. So lösen die Betroffenen oft starke Emotionen beim anderen aus und heftige Reaktionen auf ein Verhalten. In einer solchen Konstellation verwundert es dann nicht, wenn die Beziehung von vielen stressreichen Ereignissen, Unsicherheiten und von Streit geprägt ist. In einer solchen Atmosphäre kann dann auch kein positives Selbstbild entstehen, weil die positive Resonanz und Bestätigung fehlen. So entsteht der Teufelskreis, der die Störung geradezu zementiert.

MERKE **Zentrale Handicaps bei der Borderline-Störung sind die Entwicklung eines stabilen Selbst und die Gestaltung von sozialen Beziehungen, aber auch die Befriedigung von Grundbedürfnissen kann erschwert sein, vor allem wenn es zu Bedürfniskonflikten kommt.**

Grundsätzliches über Veränderungen

Viele Menschen, die etwas bei sich verändern wollen, versuchen es zunächst einmal mit einem »großen Wurf«. Wer kennt nicht die guten Vorsätze zu Silvester oder die Versuche, mit einer radikalen Diät das Gewicht zu normalisieren. Diese Form, Veränderungen durchzuführen, ist deswegen sehr attraktiv, weil schnell Unterschiede erkennbar werden und damit unter Umständen auch schnelle Erfolge erzielt werden können. Meist wird aber bei einem solchen Vorgehen übersehen, dass es bei Veränderungen nicht nur darum geht, schnell Erfolg zu haben, sondern dass es notwendig ist, das Verhalten nachhaltig zu beeinflussen. Sonst droht es, dass die Erfolge der Diät nur von kurzer Dauer und die guten Vorsätze bald verraucht sind.

Die Überwindung der Borderline-Störung, die ja auch nicht von heute auf morgen entstanden ist, braucht daher ein gewisses Maß an Geduld und Energie, eben »einen langen Atem«. Dies bedeutet, dass unter Umständen die Fortschritte klein und dass auch Rückschläge zu erwarten sind, die deshalb nicht schon jedes Mal eine Katastrophe darstellen.

Wichtig ist, sich nicht zu viel auf einmal vorzunehmen und sich durch Misserfolge nicht aus der Bahn werfen zu lassen. Viele Dinge brauchen ihre Zeit, und wenn eine Strategie einmal nicht geholfen hat, so kann sich trotzdem zu einem späteren Zeitpunkt ein Erfolg einstellen.

Aus den Erfahrungen im Umgang mit der Erkrankung lässt sich eine Reihe von Regeln ableiten, deren Beachtung die Bewältigung erleichtern:

Man muss sich der Erkrankung stellen, sich über den Charakter der Krankheit informieren und die Schwierigkeiten zunächst akzeptieren. Dazu gehört, sich auch mit den eigenen negativen und ungeliebten Seiten auseinanderzusetzen.

- Bei allen Schritten sollte zuvor die Motivation geklärt werden. Vor allem jene Schritte sind wichtig, die zu einer unmittelbaren Veränderung bei den Betroffenen selbst führen (Prinzip der Selbstwirksamkeit). Basis der Motive ist die Hoffnung, Schwierigkeiten zu überwinden. Für diese Hoffnung gibt es gute Gründe, obwohl für eine positive Veränderung viele und große Anstrengungen notwendig sind.
- Bevor ein Schritt unternommen wird, sollten zunächst jene Ziele reflektiert werden, weswegen der Schritt unternommen wird. Diese Ziele sollten möglichst konkret sein und einen Bezug zur Gegenwart haben.
- Für die meisten Veränderungen ist es wichtig, dass eine weitgehende Offenheit herrscht. Diese Offenheit betrifft die Ehrlichkeit, mit der man sich und anderen begegnet, aber auch die Offenheit für neue Erfahrungen. Offenheit und Ehrlichkeit sollten auch im Umgang mit Niederlagen und Rückschlägen gelten sowie für Situationen, in denen es keine Fortschritte gibt.
- Positive Veränderungen brauchen angemessene Bedingungen. Die Fähigkeit zu lernen ist dann besonders groß, wenn in einem gewissen Umfang innere Ruhe und Ausgeglichenheit erreicht worden sind. Sind diese Bedingungen nicht erfüllt, dann ist ein Krisenplan notwendig, und zwar mit dem Ziel, dass durch die Krise die vorher gemachten Fortschritte nicht wieder in Frage gestellt werden.

- Für alles, was geschieht, sollte der Betroffene die volle Verantwortung übernehmen. Es hat wenig Sinn, andere für das eigene »Elend« verantwortlich zu machen. Ebenfalls bringen Klagen über die eigene Situation nur selten weiter.
- Es ist für einen Ausgleich zwischen Störungs- und Ressourcenperspektive zu sorgen. Verändern sich die Symptome der Borderline-Störung, dann tritt noch nicht automatisch eine Besserung ein, sondern es muss eine gesündere Alternative gefunden werden. Daher muss im Veränderungsprozess die Störungsperspektive mit der Ressourcenperspektive ins Gleichgewicht gebracht werden. Überlegungen, welche Kräfte und Stärken zu mobilisieren sind, stellen vielleicht sogar den wichtigeren Aspekt dar.
- Zur Überwindung der Krankheit braucht es viel sozialer Unterstützung. Die kann aber nur dann erfolgen, wenn eine Bereitschaft für die Annahme von Hilfe besteht. Jede Hilfe hat ihre Grenzen und Bedingungen, so müssen etwa Beziehungen dauerhaft gepflegt werden, damit die Unterstützung auch nachhaltig erfolgen kann.

Insgesamt erfordert die Bewältigung der Borderline-Störung ein aktives Vorgehen und eine beharrliche Bereitschaft zur Veränderung. Positive Veränderungen sind dabei an Voraussetzungen geknüpft, etwa an eine überlegte und abgestimmte Strategie. Im Folgenden sollen einige wichtige Voraussetzungen dazu genannt werden.

1. Die Überwindung der Borderline-Störung erfolgt in Stufen und Phasen.

Die vielfältigen Schwierigkeiten im Zusammenhang mit der Borderline-Störung erscheinen zunächst wie ein unüberwindlicher Berg. Nicht nur die Symptome müssen überwunden, sondern auch viele ungünstige Haltungen und Verhaltensmuster geändert sowie eine weitreichende Hoffnungslosigkeit bekämpft werden. Oft ist der Glaube an eine positive Veränderung bereits verloren oder die Menschen der Umgebungen haben schon nur noch negative Erwartungen. Feindseligkeit ist zudem vielfach an die Stelle sozialer Unterstützung getreten. All das in Kombination mit einem negativen Selbstbild sind Gründe, um aus der eigenen Haut herauszuwollen und radikale Änderungen zu wollen. Die Störung lässt aber leider gerade keine radikalen Lösungen zu. Sind die Erwartungen zu hoch, stellen sich sehr schnell Überforderungen ein und Enttäuschungen sind die Folge. Damit steigt das Leid sogar noch. Es ist daher ein Akt der Klugheit, sich nicht zu viel vorzunehmen und realistisch zu bleiben. Dazu gehört auch, die notwendig erscheinenden Veränderungen in Teilschritte zu untergliedern, die den eigenen Möglichkeiten angepasst sind.

Solche Teilschritte können sein:

1. Schritt: Das Überleben sichern und sich für das Leben entscheiden.

2. Schritt: Den Umgang mit Krisen und Stress lernen (Stresstoleranz).

3. Schritt: Fertigkeiten erlernen, um mit sich selbst und anderen umgehen zu können (Fertigkeitstraining).

4. Schritt: Denk-, Fühl- und Verhaltensmuster erkennen und wenn nötig nachhaltig verändern (aktive Lebensgestaltung).

5. Schritt: Die Zukunft unabhängig von der Krankheit gestalten und sich von der Krankheit verabschieden.

Nicht immer werden die einzelnen Phasen gradlinig durchschritten, immer wieder kommen auch Rückschritte und Krisen vor. Jedoch bauen die Phasen aufeinander auf. So kann beispielsweise die Konfrontation mit einem traumatischen Erlebnis nur dann gelingen, wenn zuvor die Fertigkeiten im Umgang mit starken negativen Gefühlen erworben wurden, oder ist der Umgang mit Gefühlen sicher nur dann möglich, wenn die dabei drohenden Krisen bewältigt werden können.

2. Die Eingrenzung und Konkretisierung der zu lösenden Probleme ist die Voraussetzung für die Formulierung von Zielen.

Die Bewältigung der Borderline-Störung erfordert konkrete und überlegte Schritte zur Lösung der Probleme. Dazu müssen die Probleme zunächst eingegrenzt werden. Problematisch können einzelne Symptome der Erkrankung (etwa der Umgang mit Suizidideen), die Reaktion auf Emotionen (der Umgang mit Wut und Aggressivität), aber auch bestimmte Verhaltensweisen (der Umgang mit dem Partner) sein. Oft lassen sich auf diesen Ebenen zahlreiche Schwierigkeiten finden und beschreiben.

Bei einer solchen Vielfalt ist das Schaffen von Ordnung unerlässlich. Die Probleme müssen in eine Hierarchie gebracht werden. Zusätzlich ist eine Vorentscheidung notwendig, welche der Probleme gegenwärtig lösbar erscheinen und bei welchen eine Lösung auf einen späteren Zeitpunkt verlegt werden muss. Es ist ratsam und notwendig, die gegenwärtige Situation zunächst einmal zu akzeptieren, wie sie ist (Prinzip der radikalen Akzeptanz). Sind diese Voraussetzungen geklärt, können die ersten Schritte zur Lösung unternommen werden. Diese könnten sein:

- die Erarbeitung einer möglichst genauen Vorstellung, was problematisch ist,
- die Klärung, in welchen Formen sich das Problem äußert,
- die Frage, wer oder was damit zu tun hat,
- eine Analyse, welche Auswirkungen auf die eigene Lebensführung und die von anderen beschrieben werden können,
- Überlegungen, welche positiven *und* negativen Auswirkungen denkbar sind, wenn das Problem (etwa ein bestimmtes Verhalten) nicht mehr existiert,
- die Analyse, welche Bedingungen verschärfend und mildernd wirken,
- die Frage, in welchen Situationen das Problem oder Symptom auftritt,
- eine Aufstellung der Strategien, die bereits versucht wurden, um das Problem zu lösen, und die Würdigung der Ergebnisse,
- das Sammeln zusätzlicher Ideen, was unter Umständen helfen kann, bei der Lösung weiterzukommen,
- die Frage, was eventuell bei der Suche nach Lösungen und deren Durchführung behilflich oder hinderlich sein kann,
- die Entwicklung einer Vorstellung, wie bemerkt wird, dass ein Problem nicht mehr existiert,
- eine Fantasie davon, was an die Stelle des Problems treten könnte.

TIPP **Versuchen Sie, an einem konkreten Beispiel die aufgeführten Schritte zur Problemlösung durchzugehen. Besonders geeignet sind alltägliche Erfahrungen, die in Ihrem Erleben öfter in ähnlicher Form auftreten und die zu negativen Gefühlen führen.**

Sicherlich sind noch weitere Fragen denkbar, die zur Lösung eines Problems oder zur Beseitigung eines Symptoms hilfreich sein können. Es soll mit diesen Beispielfragen aber auf etwas Bedeutsames hingewiesen werden. Nämlich:

1. Lösungsstrategien müssen klar und überlegt sein.

2. Die Strategien sollten sich auf die Gegenwart beziehen und auf aktuellen Erfahrungen aufbauen (im Hier und Jetzt).

Die Forderung nach einem möglichst direkten und unmittelbaren Zugang ist deswegen bedeutsam, weil oft komplexe Überlegungen, Begründungen und Einwände den Blick auf die wesentlichen Elemente verstellen können. Dies lässt sich gut bei Streitigkeiten beobachten, bei denen auf einen Vorwurf mit einem Gegenvorwurf begegnet wird.

BEISPIEL ■

A: Hast du daran gedacht, die Mülltonne nach unten zu bringen?

B: Ich habe schon erwartet, dass du mich wieder daran erinnerst.

A: Ich finde, du solltest dich etwas mehr bei der Hausarbeit engagieren.

B: Immer spielst du dich als Moralapostel auf und meckerst wegen kleinster Fehler an mir herum.

A: Ich kann ohnehin sagen, was ich will, du änderst dein Verhalten ja doch nie. ■

Oft stammen Vorwurf und Gegenvorwurf noch aus anderen Zusammenhängen und stellen Generalisierungen dar (etwas sei »immer so«). Das Ergebnis ist, dass sich die Streitenden in einem zähen Kampf um Wahrheit, Recht und Unrecht, Vorwurf und Gegenvorwurf befinden, ohne einer Klärung auch nur ein kleines Stück näher zu kommen. In einem solchen Fall kann es sehr hilfreich sein, innezuhalten und sich sehr intensiv auf die Gegenwart und die dabei wirksamen Emotionen zu beziehen.

Wenn Probleme und Symptome länger andauern, dann besteht ohnehin die Gefahr, dass immer gleiche oder ähnliche Strategien angewendet werden. Natürlich ist es zunächst wichtig, sich auf die Probleme und Symptome zu konzentrieren. Dabei darf aber der Moment nicht verpasst werden, an dem Überlegungen notwendig sind, einen neuen, vielleicht ungewöhnlichen, auf jeden Fall aber konstruktiven Weg in Richtung der Lösungen einzuschlagen. Dazu ein Beispiel:

BEISPIEL ■ Frau B. befindet sich in der Ausbildung zur Krankenschwester. Sie hat diesen Beruf gewählt, weil sie gerne anderen Menschen helfen möchte. Im Berufsalltag kommt es aber schnell zu Schwierigkeiten. Sie erscheint oft schlecht gelaunt zum Dienst, eckt bei Kolleginnen an und zusätzlich lösen bestimmte Patienten bei ihr unangemessene Wut aus. Sie versucht verzweifelt, diese Wut zu verbergen, und empfindet sich als schlechte Krankenschwester. Wegen ihres Umgangs mit den Kolleginnen wird sie mehrfach von Vorgesetzten angesprochen und ermahnt. ■ Als sie dabei erwischt wird, wie sie Medikamente aus dem Schrank entwendet, wird ihr die Kündigung angedroht. Es folgen ein Suizidversuch und die Einweisung in eine Klinik. Hier beschäftigt sie sich mit der Frage, wie sie die drohende Kündigung abwenden kann. Sie hat weiterhin hohe Erwartungen an den Beruf. Nach der Entlassung beginnt sie rasch wieder zu arbeiten. Sie versucht durch zusätzliche Schichten den vermeintlichen Rückstand nachzuholen. Als sie nach einiger Zeit abermals beim Diebstahl von Medikamenten ertappt wird, erhält sie die Kündigung. ■ Sie wird erneut stationär aufgenommen und lässt sich von einem Berater der Arbeitsagentur zu einer Umschulung in einen Büroberuf bewegen. Mit dem neuen Aufgabenfeld hat sie zunächst große Schwierigkeiten. Nach einer gewissen Zeit findet sie jedoch Gefallen an der Tätigkeit und beobachtet, dass sie bei der Arbeit viel entspannter ist. ■

In diesem Beispiel geht es unter anderem um den Umgang mit unerfüllten Erwartungen, wie dem Wunsch, anderen Menschen helfen zu wollen, die an der Realität des Berufsalltages zerbrechen. Dieser Betroffenen gelingt es immerhin, sich von diesen Erwartungen zu lösen und sich eine andere Aufgabe zu suchen, die zudem noch mit weniger Risikofaktoren (Griffnähe zu Medikamenten) verbunden ist.

3. Der Eingrenzung und Konkretisierung der Probleme folgt die Definition von Zielen.

Veränderungen und Verbesserungen beziehen sich jeweils auf Ziele, die eine Art Maßstab für den Erfolg sind. Die Erfahrungen in der Therapie der Borderline-Störung zeigen, wie wichtig die Formulierung von Zielen für die Überwindung der Krankheit ist. Dabei lassen sich im Wesentlichen vier Kernbereiche nennen:

- Alleinsein aushalten lernen!
- Impulse beherrschen können!
- Ambivalenz und Unsicherheit ertragen und nutzen können!
- Problematische Verhaltensweisen verändern!

Alle vier Zielbereiche stehen selbstverständlich in Wechselbeziehung zueinander. So treten häufig während des Alleinseins Probleme bei der Kontrolle von Impulsen auf. Davon wissen besonders jene Betroffenen zu berichten, bei denen sich eine bulimische Symptomatik ausgebildet hat. So befinden sich die Ziele in einer gewissen Hierarchie zueinander. Oft steht der Umgang mit den Impulsen an erster Stelle, gefolgt vom Alleinseinkönnen und der Fähigkeit, Ambivalenz zu ertragen.

4. Für die Umsetzung von Zielen muss eine wirksame Strategie entwickelt werden.

Die Borderline-Störung ist in erster Linie eine emotionale Erkrankung. Emotionen entziehen sich aber einer direkten Beeinflussung. Man kann sich nicht einfach vornehmen, freundlich, glücklich, ausgeglichen und humorvoll zu sein. Gerade unter den Bedingungen emotionaler Instabilität fällt es insbesondere unter Stressbedingungen schwer, angemessen zu reagieren. So kann sich eine Strategie, die unter Bedingungen der Entspannung und Ruhe sehr gut gelingt, in Stress-Situationen als vollkommen ungeeignet herausstellen. Zudem ist die Beeinflussung von Emotionen stark von individuellen Faktoren abhängig. Was den einen beruhigt, kann für den anderen die Spannungen noch erhöhen. Dies alles muss bei den Überlegungen zur Entwicklung von geeigneten Strategien bedacht werden.

Nun haben Emotionen grundsätzlich zwei Schnittstellen, jene zum Körper und jene zum Denken, wobei es sich um eine Wechselwirkung handelt. So löst etwa Angst auch körperliche Reaktionen aus (Schwitzen, Herzklopfen) und körperliche Phänomene können ihrerseits Angst hervorrufen. Auch das Anregen angenehmer Emotionen ist über diesen Weg möglich, etwa eine Beeinflussung von Emotionen durch Gedanken. In der Psychotherapie wird öfter versucht, die Gedanken zur Veränderung von Emotionen einzusetzen, etwa zur Verbesserung der Stressbewältigung. Dieser Weg ist für viele Borderline-Kranke jedoch zu langwierig und eignet sich daher wenig als Mittel zur schnellen Verbesserung der Stresstoleranz. Aus diesem Grund kann der Weg über den Körper günstiger sein.

Dieser Weg wird beim sogenannten *Notfallkoffer* beschritten (siehe Knuf/Tilly 2007). Basis ist dabei die Anregung der Sinne, also das Hören, Sehen, Schmecken etc. Diese Sinne werden angeregt, um einen indirekten Einfluss auf die emotionale

Befindlichkeit zu nehmen. All jene, die sich bereits mit dem Notfallkoffer beschäftigt haben, erkennen, wie individuell die Zusammensetzung des Koffers ausfallen muss. Er sollte nicht nur verschiedene Möglichkeiten enthalten, Sinnesreize anzuregen, sondern auch ganz persönliche Erinnerungsstücke, um sich an positive Gefühle zu erinnern. Bei der Technik des Notfallkoffers wird abermals deutlich, wie wichtig der Rückgriff auf Ressourcen ist. Oft sind die persönlichen Ressourcen (auch positive Erinnerungen) nicht bekannt und müssen erst entdeckt und gefördert werden.

Die Strategien der Stresstoleranz sind besonders am Beginn der Bewältigung der Borderline-Erkrankung sinnvoll. In den späteren Phasen sind dann selbstverständlich weitere und andere Strategien hilfreicher, die damit Gegenstand des Fertigkeitstrainings (Skills-Training) werden.

Notfallkoffer

STRESS	HOCHSTRESS
Riechen	**Riechen**
Bsp. Parfüm, Duftöle etc.	Intensive Duftstoffe, Ammoniak,
Hören	**Hören**
Musik, Rauschen der Blätter, Wind etc.	Knallgeräusche, Pfeiffgeräusche
Schmecken	**Schmecken**
Bonbons, Brausetablette etc.	Zitrone, Pfeffer, Chili, Meerrettich
Sehen	**Sehen**
Fotos, Videos, Bilder, Ansichtskarten	Jump- and Run- Spiele
Fühlen	**Fühlen**
Holz, Stein, Fell, versch. Gegenstände unterschiedliche Materialien	Kühlakku, Igelbälle heiss / kalt duschen etc.

TIPP Das in den USA entwickelte Trainingsprogramm STEPPS vermittelt beispielsweise im ersten Teil eine Reihe von Strategien (Basisfertigkeiten), die im Umgang mit Gefühlen, aber auch sozialen Beziehungen hilfreich sein können. Zu diesen Basisfertigkeiten gehören:

- distanzieren
- kommunizieren
- sich Herausforderungen stellen
- sich ablenken
- Probleme bewältigen
- Ziele setzen
- essen
- schlafen
- etwas üben
- sich ausruhen
- auf die körperliche Gesundheit achten
- die Vermeidung von Missbrauch
- soziale Beziehungen gestalten

Jede dieser Fertigkeiten erfordert eine persönliche Strategie und sicherlich häufiges Üben. Weil gegenseitiges Lernen diesen Prozess unterstützt, findet dieser Trainingsteil in einer Gruppe statt, in der die Betroffenen sich gegenseitig stützen und beraten können.

Ressourcen als Widerstandsquellen nutzen

Die offene und ehrliche Bestandsaufnahme der Probleme sollte immer im Hinblick auf Überlegungen erfolgen, wie die Probleme gelöst werden und welche positiven Veränderungen damit erreicht werden können. Dazu ist aber ein gezielter Rückgriff auf die Ressourcen unerlässlich. Ressourcen sind, wie weiter vorne schon beschrieben, alle Motive, Gedanken, Handlungen, Fertigkeiten, Einstellungen und Erfahrungen, die der Sicherung von Wohlbefinden und Gesundheit dienen und eine weitere positive Entwicklung ermöglichen. Jedem Menschen steht eine Vielzahl von Ressourcen und Stärken zur Verfügung. Allerdings machen sich wenige Gedanken darüber und so bleiben viele Ressourcen ungenutzt.

Ressourcen können auf verschiedenen Ebenen beschrieben werden. Eventuell lässt sich ein Problem dadurch lösen, dass auf eine Ressource einer anderen Ebene zurückgegriffen wird. Im Folgenden werden einige Ebenen von Ressourcen aufgeführt:

Zwischenmenschliche Ressourcen und innere Stärken ▶ Eigentlich führen Menschen einen Dialog in zwei Richtungen. Der Dialog mit anderen wird fortlaufend ergänzt durch innere Gedanken und Reflexionen. So lässt sich von einer sozialen Kompetenz und einer inneren Stärke sprechen. Beide Aspekte ergänzen sich. Wenn beispielsweise eine Betroffene schreibt: »Mittlerweile schaffe ich es ohne Krankenhausaufenthalte. Allerdings ist das nur möglich, weil mein Freund sich während meiner Krisen um mich kümmert und nicht zulässt, dass ich von einem Notarzt eingewiesen werde«, dann gleicht sie eine innere Krise durch die Fähigkeit aus, sich soziale Unterstützung zu sichern.

Kommunikative Ressourcen ▶ Kommunikation findet nicht nur durch Sprache statt, wie auch nicht alle Informationen, die wir anderen »übermitteln«, von uns bewusst gegeben werden. Zudem lässt sich zwischen einer verbalen und einer nonverbalen Kommunikation unterscheiden. Letztere hat einen großen Einfluss auf die Sympathie, die bei einer Begegnung geweckt wird. Auch Faktoren wie Humor, Gestik und Mimik sowie körperliche Bewegungsabläufe haben also einen kommunikativen Aspekt. Vielen Menschen gelingt es durch nonverbale Kommunikation, andere für sich zu gewinnen und damit soziale Unterstützung zu erfahren.

Motivationale und potenziale Ressourcen ▶ Natürlich sind Probleme und Konflikte nicht wirklich vermeidbar. Das Übereinstimmen von menschlichen Erwartungen und Möglichkeiten ist eher die Ausnahme als die Regel. So ist jeder eher auf dem Weg als am Ziel. Unsere Handlungen werden dabei von Motiven gesteuert. Die Fähigkeit, eine Motivation aufzubauen und entsprechend zu handeln, ist daher eine Ressource. Auch die Auswertung von Erfahrungen zur Erweiterung der Kompetenz und der inneren Potenziale kann als Ressource gewertet werden.

Sicherheit herstellen und sich verändern ▶ Das Bedürfnis nach Sicherheit ist ebenso grundlegend wie der Wunsch nach Veränderung und Entwicklung. Beide Bedürfnisse stehen in einem dialektischen Wechselverhältnis. Es gibt Menschen, denen fallen Veränderungen schwer. Dieselben Menschen können aber sehr viel für eine sichere und freundliche Atmosphäre tun. Auch die umgekehrte Konstellation ist häufig zu beobachten.

Sich durch Selbsthilfe stark machen

Mit den Ressourcen sind die Potenziale verbunden, die zur Selbsthilfe genutzt werden können. Die Diskussion über die Möglichkeiten der Selbsthilfe bei seelischen Erkrankungen ist relativ jung. Lange Zeit glaubten die Fachleute, dass seelisch Kranke gar nicht in der Lage seien, ihre Probleme zu erkennen und bewusst zu verändern. Es waren die Suchtkranken, die als Erste zeigten, dass durch Selbsthilfe ein wesentlicher Beitrag zur Gesundung geleistet werden kann. Im Laufe der Zeit haben sich weitere Gruppen in Selbsthilfe-Bewegungen organisiert. So gibt es heute Selbsthilfegruppen für depressiv Erkrankte, für Psychose-Erfahrene, für Borderline-Kranke sowie für Angehörige etc. Oft sind die Selbsthilfegruppen in Verbänden zusammengeschlossen und vertreten die Interessen der Betroffenen. Neuerdings wird auch das Internet als Forum für die Selbsthilfe-Bewegung genutzt.

Selbsthilfe ist aber nicht nur in diesen organisierten Formen möglich. Auch jeder Einzelne kann etwas tun, um Krankheitssymptome zu reduzieren und die Folgen der Krankheit zu mindern. Der Zusammenschluss von Betroffenen in Gruppen kann in organisierter, aber ebenso in unorganisierter Form erfolgen. Auch bei der Borderline-Störung glaubten die Fachleute zunächst, dass eine Selbsthilfe nicht möglich sei. Deswegen wurde die Selbsthilfe-Bewegung für diese Störung auch nicht gefördert. Hier sind es die neuen Möglichkeiten des Internets, die für die Betroffenen Wege erschließen, zumindest miteinander ins Gespräch zu kommen. Der Austausch von Erfahrungen und die Fähigkeit, neue Wege zu beschreiten, sind dabei wichtige Elemente der Selbsthilfe. Bei den folgenden Antworten zu Fragen nach der Selbsthilfe werden die vielfältigen Möglichkeiten deutlich, die zu diesem Zwecke genutzt werden können.

Welche Lösungsmöglichkeiten helfen Ihnen?

- Therapie hilft mir sehr.
- Schublade auf, Vergangenheit rein, Schublade zu, Schrank verbrennen, alles wird gut.
- Indem ich verändere, was mich stört, und akzeptiere, was ich nicht verändern kann – das versuche ich zumindest.
- Die Vergangenheit akzeptieren und sie dann loslassen, ich kann nichts ungeschehen machen.
- Probleme praktisch lösen.
- Jemanden besuchen. Medikamente nehmen (gegen Depression). Gute Menschen finden. Sport machen. Wohnung aufräumen.

Was unternehmen Sie, um den Teufelskreis zu unterbrechen?

- Ich reiße mich zusammen, manchmal hilft auch Ablenkung, zum Beispiel durch sehr viel Arbeit, verschiebe so manches, bis es wieder abebbt, die Suizidalität zum Beispiel.
- Ich lerne zu verstehen, dass ich ein Recht auf Liebe habe, ohne vorher etwas tun zu müssen bzw. mich dafür bestrafen zu lassen. Eben geliebt zu werden um meiner selbst willen.
- Beruhigende Medikamente nehmen, schlafen, essen.
- Ich muss dann etwas unternehmen und mir gute Menschen suchen und mit ihnen zusammen sein. Intime Beziehungen muss ich dann (seufz!) meiden.

Welche Themen bringen Sie dem Ziel, gesund zu werden, näher?

- Ich brauche Austausch mit anderen, ein Suchen nach adäquaten Möglichkeiten, die psychodynamische Arbeit, eben Hilfen, um sich selbst besser zu verstehen.
- Meine Zukunft, meine Wünsche, mein Sohn.
- Ach, Glaube, Liebe, Hoffnung ... oder so.

Können Sie Bewältigungsstrategien anwenden?

- Ja, mache mir auch klar, welche Vorteile die Störung hat für den Betroffenen, zum Beispiel erhöhte Sensibilität.
- Ich versuche alles aufzuschreiben, setze mir ein Ziel und arbeite darauf hin, versuche Hilfe von einer Freundin anzunehmen.
- Ich weiß nicht. Psychotherapie hilft echt. Ansonsten? Wüste! Keine Ahnung, habe keine Bewältigungsstrategien. Ich denke, gegen das Chaos hilft nur Aufräumen.
- Die Auseinandersetzung mit mir und meiner Umwelt, die Arbeit mit den Träumen und die Fantasiearbeit in der Therapie sind ebenfalls sehr wichtig.

Es gibt eine Reihe von Ansatzpunkten, an denen eine Ressourcenperspektive ansetzen kann. Die Aktivierung von Ressourcen baut zunächst immer auf vorhandenen Möglichkeiten auf. In einem zweiten Schritt können dann die Fähigkeiten und Stärken erweitert und ausgebaut werden. Bei der Entdeckung von Möglichkeiten sollte man Fantasie walten lassen. Wichtig zu erkennen ist, dass sich Ressourcen gelegentlich hinter vermeintlich negativen Eigenschaften verbergen und deswegen nicht direkt zugänglich sind.

TIPP **Dissoziative Symptome werden von vielen Betroffenen als sehr belastend und unangenehm erlebt, zumal der Alltag zum Teil erheblich gestört wird. Auf der anderen Seite lässt sich im Rahmen von Imaginationsübungen diese Fähigkeit nutzen, um einen Beitrag zur inneren Ausgeglichenheit zu leisten. Dazu dient etwa folgende Übung:**

TRESORÜBUNG Stellen Sie sich einen inneren Safe, einen Tresor vor. Öffnen Sie jetzt diesen Tresor und packen Sie alles, was Sie derzeit belastet, dort hinein. Verschließen Sie die Tür und schauen Sie, wo Sie den Schlüssel deponieren wollen.

Gelegentlich ist der Tresor nicht vollständig sicher, sodass der Inhalt wieder zum Vorschein kommt. Daher ist es möglich, dass man einiges mehrfach wegpacken muss, damit es zuverlässig weggeschlossen bleibt.

Selbstachtung erhöhen und innere Achtsamkeit verbessern

Seelische Erkrankungen führen in der Regel zur Beeinträchtigung des Selbstbewusstseins und der Selbstachtung. Dies gilt auch für die Borderline-Störung, in deren Rahmen sich sogar so etwas wie Selbsthass entwickeln kann. Die Verbesserung der Selbstachtung ist ein Schritt, um der Beeinträchtigung durch die Erkrankung entgegenzutreten. Fortschritte brauchen ein gesundes Selbstvertrauen, zumindest die Sicherheit, dass die eigenen Handlungen und Gedanken ein Mittel sind, um die notwendigen Veränderungen einzuleiten und durchzuführen. Die im Rahmen der Borderline-Störung oft auftretenden Scham- und Schuldgefühle tragen zusätzlich zur Beeinträchtigung der Selbstachtung bei. Es kann sich ein Teufelskreis entwickeln, bei dem die Selbstentwertung zu inneren Spannungen führt, diese mit selbstschädigenden Verhaltensweisen aufgelöst werden und in der Folge neue Schuld- und Schamgefühle entstehen.

Um die Ressourcen zu entdecken, die geeignet sind, die Selbstachtung zu erhöhen, ist eine nüchterne Bestandsaufnahme des Ist-Zustandes Voraussetzung, aber auch eine gewisse

Akzeptanz, dass zunächst nur negative Bewertungen im Vordergrund stehen. Bei der Ermittlung des Ist-Zustandes kann mittels des Verfahrens von Pro und Kontra gehandelt werden. Selten nämlich sind menschliche Situationen wirklich eindeutig. In der Regel finden sich positive wie negative Aspekte. Es erhöht die Selbstachtung, wenn es in Krisen gelingt, die eigenen positiven Anteile zu erkennen. Insbesondere ergeben sich immer Hinweise auf Stärken und mögliche Potenziale. Aber auch die Biographie kann Informationen über Ressourcen enthalten. Oft treten sie bei Erzählungen und Erinnerungen hervor. Dabei können Gefühle als Wegweiser dienen. Angenehme Erinnerungen, die mit Freude, Wärme und Erfolg verbunden sind, können in diesem Sinne ausgewählt werden. Auch die Erinnerung an Menschen, die einen besonderen Eindruck hinterlassen haben, kann die innere Stärke erhöhen.

Die Selbstachtung resultiert aus Erfahrungen. So können die Verbesserung der Verhaltensfertigkeiten, die Formulierung von Zielen und die Offenheit für neue Erfahrungen zu Erlebnissen führen, die die Selbstachtung erhöhen. Dazu gehören Versuche, die eigenen Emotionen zu steuern, das Lernen, sich selber zu akzeptieren, der Abbau von Verhaltensweisen, die Krisen auslösen, die Problematisierung von Selbsthass, das Arbeiten an der Wahrnehmung und die Verbesserung der Fähigkeiten hin zu realistischen Entscheidungen und Beurteilungen.

Viele Betroffene neigen dazu, nur auf die Signale der Umwelt zu achten. Dahinter steht der Wunsch, es allen recht zu machen. Die eigenen Signale des Körpers und der Stimmung werden dagegen übersehen und daher nicht ausreichend genutzt. Dann sind viele Betroffene überrascht, wenn die eigene Seele sich immer wieder bemerkbar macht, und dies oft in sehr unkontrollierter Weise. Der Blick auf die eigene Person ist nicht einfach, weil das innere Chaos und die inneren Spannungen bedrohlich sein können. Der Blick auf andere lenkt dann erst einmal von der eigenen Misere ab. Die Verbesserung der inneren Achtsamkeit hat zum Ziel, dieses Ablenkungsmanöver zu beenden. Gelingt es, besser die inneren Regungen wahrzunehmen, werden viele verborgene Ressourcen deutlich. Beispielsweise weisen die dissoziativen Zustände, die beim Borderline-Syndrom häufig auftreten, darauf hin, dass die Betroffenen eine große Fähigkeit haben, in Tagträumen emotionale Ausgeglichenheit zu erreichen.

Um die innere Achtsamkeit zu trainieren und zu verbessern, müssen Antennen für das innere Erleben entwickelt werden. Es ist vorteilhaft, das Wahrgenommene nicht direkt zu bewerten. Bewertungen beruhen teilweise auf Vorurteilen. Außerdem können sich die wichtigen Informationen in Nebenaspekten verbergen.

Selbstachtung und innere Achtsamkeit lassen sich in vielen Situationen des Alltags trainieren. Es kann hilfreich sein, allein zu diesem Zweck bestimmte Aktivitäten zu planen, durchzuführen und entsprechend auszuwerten. Dabei sollte die Konzentration auf das innere Erleben gerichtet sein, und zwar eben mit dem Schwerpunkt, die verborgenen Ressourcen zu entdecken.

Das Selbstbild

Wie schätzen Sie Ihre Selbstsicherheit und Ihr Selbstwertgefühl ein?

- ◻ Mein Selbstwertgefühl ist stark schwankend zwischen den Extremen, jedoch überwiegend »abwärts«, in letzter Zeit ist es aber besser geworden.

- Nach außen bin ich nicht zu schlagen, innerlich ist mein Selbstwertgefühl jedoch oft sehr gering, als wenn ich kein Recht hätte zu leben.
- Nach außen hoch, innerlich eher niedrig.
- Total bescheiden. Ich wirke nicht so, aber das ist keine Sicherheit, ich weiß ja noch nicht mal, wer ich bin.
- Die Selbstachtung war praktisch nicht mehr da, kehrt jetzt aber wieder zurück.
- Ich werde respektiert, nur wirft sich die Frage auf, warum ich mir, was Beziehungen angeht, nicht helfen kann, immer das Falsche tue. Dann verliere ich die Selbstachtung vor mir.

In welchen Situationen werden Sie Ihren Erwartungen an sich selbst oder an andere Personen nicht gerecht?

- Sowohl beruflich als auch privat.
- Kommt öfter sowohl beruflich als auch privat vor. Oft sind andere mit mir zufrieden, wenn ich unzufrieden bin, und umgekehrt.
- Ich scheitere darin, den Mann fürs Leben zu finden.
- Ach, fast immer.
- Ich werde mir und anderen Personen vor allem in Situationen nicht gerecht, in denen es Stress mit mir wichtigen Menschen gibt.

Wie hoch stecken Sie sich Ihre persönlichen Ziele?

- Ich möchte gerne beruflich Erfolg haben und privat glücklich werden.
- Meistens stecke ich meine Ziele zu hoch, aber beruflich erreiche ich alles, was ich mir vornehme, nur privat schaffe ich es nicht, meine Ziele zu erreichen.
- Zu hoch.
- Das Dumme ist, ich habe keine, außer dass ich so gerne ge-

liebt werden und wichtig sein möchte, alles andere ist mir ohne diese Bedingung egal. Ja, ich weiß, dass ich ein Ziel bräuchte, aber es ist mir egal, ich meine, außer natürlich dass es mir gut gehen soll ... Das ist doch kein Ziel, das stellt sich doch nur auf einem Weg zu einem Ziel ein, oder?

Bewusster Umgang mit Gefühlen

Eine emotionale Instabilität erschwert die Bewältigung der Lebensaufgaben. Die Kontrolle und Regulation von Gefühlen ist deshalb ein Schritt in Richtung Gesundheit. Es kann aber nicht darum gehen, Gefühle gänzlich auszuschalten. Vielmehr soll die Fähigkeit, Gefühle für sich einzusetzen, gestärkt werden. Das Wechselbad der Gefühle im Rahmen der Störung spielt sich allerdings nur zu einem geringen Teil im Bewusstsein ab. In der Regel werden Gefühle nicht bewusst wahrgenommen, denn ihre Funktionen liegen insbesondere darin, die Grundeinstellung zu einer Situation oder Anforderung sicherzustellen. Um besser mit Gefühlen zurechtzukommen, muss daher ein ungewöhnlicher und unnatürlicher Weg eingeschlagen werden. Die Gefühle müssen stärker in das Bewusstsein aufgenommen werden. So werden die Wahrnehmung, die Bewertung und möglicherweise die Veränderung von Gefühlen ermöglicht.

Gefühle sind immer an das Erleben und damit an Erfahrungen gekoppelt. Menschen neigen dazu, in ähnlichen Situationen immer wieder die gleichen Gefühle zu entwickeln. Dieser Vorgang läuft sehr schnell und natürlich unbewusst ab. Fehleinschätzungen sind daher durchaus nicht selten. Ist ein Gefühl entstanden, prägt dieses die Wahrnehmung und Einschätzung der Situation. So kann sich ein Vorurteil unter Umständen selbst bestätigen.

Beim Umgang mit Gefühlen sind grundsätzlich zwei Arten zu unterscheiden, die Emotionskontrolle und die Emotionsregulation. Bei der Emotionskontrolle geht es in erster Linie um die Einengung auf ein bestimmtes Ziel, etwa den Partner für sich zu gewinnen oder einen Arbeitsauftrag zu bewältigen. Dazu werden »störende« Gefühle und Gedanken beiseitegedrängt. Bei der Regulation von Emotionen geht es dagegen eher um die Herstellung einer Balance zwischen verschiedenen Aspekten, etwa bei der Gestaltung einer Partnerschaft oder der Sicherung von Teamarbeit. Abweichende Gefühle werden dann nicht fallen gelassen, sondern können integriert werden.

Der bewusste Umgang mit Gefühlen hat die Entwicklung innerer Achtsamkeit zur Voraussetzung.

Gefühle gehören zur Grundausstattung eines jeden Menschen, ob sie bewusst wahrgenommen werden oder nicht. Die Beschäftigung mit Gefühlen hat dabei nichts mit »Weichheit« zu tun, sondern eher mit den Grundlagen des Erlebens und Verhaltens. Die eigenen Vorbehalte im Umgang mit Gefühlen können daher den Blick auf das innere Erleben versperren und müssen aus dem Weg geräumt werden. Es gibt sehr verschiedene Gefühlsqualitäten, etwa Liebe, Wut, Trauer, Langeweile, Leere. Da Gefühle mit Erleben gekoppelt sind, kann die bewusste Wahrnehmung von Gefühlen in zwei Schritten erfolgen. Zunächst sind das Gefühl selbst zu identifizieren und dann der Anlass, bei dem das Gefühl ausgelöst worden ist. Erst wenn diese Kopplung erfolgt, kann bewertet werden, ob die emotionale Reaktion auf das Ereignis angemessen war. Bei der Bewertung sind auch die Auswirkungen der eigenen Stimmung auf andere zu berücksichtigen. Kommt es aufgrund einer emotionalen Äußerung zu Spannungen, sind Überlegungen sinnvoll, warum eine angemessene Reaktion nicht gelungen ist.

Im Rahmen der Borderline-Störung stehen meist negative Emotionen im Vordergrund. Aus der Ressourcen-Perspektive sollte aber gerade nach Anlässen für positive Emotionen gesucht werden. Dabei spielen Gedanken, »sich etwas Gutes zu tun«, eine Rolle. Insbesondere Gedanken darüber, welche Handlungen Zufriedenheit auslösen, haben hier ihren Platz. Im folgenden Gedicht macht das eine Betroffene deutlich.

Auf die eigenen Stärken achten!
Das Leben.
An manchen Tagen könntest du
die ganze Welt umarmen.
Du hast ein Lächeln auf dem Mund
und deine Seele ist frei und gesund.
Vor lauter Frohsinn summst du
zufrieden wieder vor dich hin.
Doch an manchen Tagen denkst du, du seist allein,
und du glaubst nicht daran, dass deine Wunden jemals heilen.
Dein Herz ist schwer, deine Seele leer.
Dann musst du all deinen Mut zusammennehmen und versuchen,
dein Leben zu leben.
Glaube an dich und du wirst sehen,
dein Leben wird wieder wunderbar weitergehen!

Auswertung von Erfahrungen

Ergänzend zum bewussten Umgang mit Gefühlen können die gedanklichen Reaktionen (Kognitionen) angeschaut und möglicherweise verändert werden. Emotionale und gedankliche Reaktionen hängen eng zusammen. Die Emotionen beeinflussen die Gedanken und die Gedanken haben wiederum Einfluss auf die Stimmung. Dies erlaubt eine schnelle Reaktion auf bereits in ähnlicher Form erlebte Situationen. Die Erklärungsmodelle, die aus der eigenen Erfahrung resultieren, können sich gleichwohl in anderen Situationen als ungünstig erweisen. Besonders jene Erklärungen, die sehr allgemein gefasst sind, haben eine hohe Fehlerquote. So ergibt sich im Laufe der Entwicklung die Aufgabe, die eigenen gedanklichen Muster kritisch zu überdenken und, wenn möglich, zu variieren. Gedanken können dabei vor allem der Auswertung von erlebten Situationen dienen und bei der Suche nach Alternativen helfen. Gedanken können jedoch Emotionen nicht *direkt* beeinflussen. So kann sich eine Idee in einer Krisensituation als nicht tragfähig erweisen, was aber den Wert der Auseinandersetzung mit den Erklärungen und Gedanken nicht schmälert.

Auch die gedanklichen Reaktionen lassen sich an Alltagssituationen üben. Hier lässt sich etwa prüfen, welche automatischen Gedanken sich einstellen und welche Emotionen damit verbunden sind. Jetzt kann wiederum überprüft werden, ob die Verstärkung dieses Gedankens oder die Entwicklung einer Alternative die emotionale Reaktion günstig beeinflusst. Daraus lassen sich wichtige Informationen herleiten, mit welcher Strategie Einstellungsänderungen möglich sind. So kann sich eine Umstrukturierung in folgenden Schritten vollziehen:

1. Anlass herausfinden!
2. Emotionen bestimmen und eingrenzen!
3. Automatische Gedanken formulieren!
4. Analyse vornehmen im Hinblick auf:

- Realitätsgehalt,
- Angemessenheit und Qualität,
- Bedeutung für die Bewältigung.

Je nachdem, ob die Reaktion verstärkt oder abgeschwächt werden soll, wird von aktiver oder passiver Umstrukturierung gesprochen. Ein Beispiel für eine aktive Umstrukturierung ist die Herausforderung:

BEISPIEL ■ Dies ist eine Krise, aber ich habe schon andere schwierige Situationen bewältigt. Vielleicht stellt diese eine besondere Herausforderung dar und ich bin gespannt, ob ein Weg zu finden ist, um die Herausforderung zu meistern. ■

Ein Beispiel für eine passive Umstrukturierung ist die Ablenkung:

BEISPIEL ■ Ich kümmere mich nicht darum, was die anderen sagen, das Fußballspiel im Fernsehen ist viel interessanter. ■

Möglichkeiten zur aktiven und passiven Entspannung herausfinden

Die Ausgewogenheit eines Menschen resultiert aus dem Gleichgewicht zwischen dem Gegensatzpaar Anspannung und Entspannung. Da die Borderline-Störung viele Spannungsquellen enthält, sind Ressourcen, die der Entspannung dienen, ein Gegengewicht zur Störung. Ein positives Mittel sind angenehme Aktivitäten. Was angenehm ist, unterliegt sehr dem eigenen Geschmack und Temperament. Aber die Möglichkeiten, etwas Schönes und Angenehmes zu tun, sind vielfältig. Dazu gehören beispielsweise der Gang ins Kino, das Singen unter der Dusche, faulenzen, eine Radtour machen, fotografieren, telefonieren und vieles andere mehr.

Reichen diese Möglichkeiten zur Entspannung nicht aus, kann auf Entspannungsverfahren wie das autogene Training zurückgegriffen werden. Vielen gelingt die Entspannung mit Hilfe dieses Verfahrens spontan nicht. Eine gewisse Geduld und Übung sind erforderlich. Wer mit dem autogenen Training nicht zurechtkommt, kann auch auf ein anderes Verfahren umsteigen, etwa auf das Jacobsen-Training. All diesen Verfahren ist gemeinsam, dass Suggestion eine große Rolle spielt. In jüngster Zeit wird berichtet, dass Menschen mit Borderline-Störungen auch von Yoga und Meditation profitieren. Dies mag den Erfolg sogenannter imaginativer Verfahren erklären. Hier spielt die Fähigkeit, sich in Trance versetzen zu können, eine Rolle.

Bei den Möglichkeiten, sich zu entspannen, sind also der Kreativität keine Grenzen gesetzt. Natürlich kann auch mit Medikamenten, Drogen und Alkohol Entspannung erreicht werden. Gegenüber natürlichen Möglichkeiten ist der Preis jedoch sehr viel höher und die Konsequenzen sind offensichtlich.

Soziale Unterstützung und Freundschaften sichern

»Ich habe akute Probleme beim Umgang mit Menschen; sobald sie mir schneller näher kommen, als ich das verkraften kann, flüchte ich.« Bei der Borderline-Störung stellen soziale Beziehungen oft ein Problem dar, können aber auch eine Quelle der Unterstützung sein. Die Sicherstellung sozialer Unterstützung ist ein Element des Heilungsprozesses. Der Umfang der sozialen Unterstützung ist wesentlich für das Wohlbefinden und die Festigkeit der eigenen sozialen Rollen. Soziale Unterstützung ist dabei ein fortwährendes Geben und Nehmen. Die Summe der sozialen Unterstützungen ergibt das soziale Netz, das den Betroffenen trägt. Das kann sich auf verschiedene Bereiche beziehen, etwa als emotionale oder als praktische und materielle Unterstützung, Unterstützung beim Problemlösen, Unterstützung bei der sozialen Integration und bei der Beziehungssicherheit. Bei den Formen der sozialen Unterstützung können objektive von subjektiven Faktoren unterschieden werden. Etwa kann eine Großmutter bei der Erziehung der Kinder helfen, aber gleichzeitig bei der Mutter die Sorge auslösen, dass die Kinder von der Großmutter zu viele Süßigkeiten erhalten.

Ob soziale Unterstützung zustande kommt, hängt auch davon ab, ob der Wunsch danach klar geäußert worden ist, das Anliegen vom anderen verstanden und akzeptiert wurde sowie eine positive Reaktion von beiden Seiten zu erwarten ist. Die eigene Fähigkeit, Beziehungen einzugehen und anderen Unterstützung zu geben, entscheidet auch darüber, inwieweit man bei eigenen Problemen soziale Unterstützung erfährt. Die Form der sozialen Unterstützung ist daher von den kommunikativen Fähigkeiten jeder Person abhängig.

Gelegentlich taucht die Frage auf, ob mit Freunden, Familienangehörigen und Arbeitgebern offen über die Probleme im Rahmen der Borderline-Erkrankung gesprochen werden kann. Auch hier ist wichtig, Erfahrungen kritisch auszuwerten. Eigentlich bewährt sich, dass mit zunehmender Nähe des anderen auch die Offenheit steigen sollte. Ein Arbeitgeber aber *muss nicht* darüber informiert werden, dass eine Störung vorliegt. Ein Partner oder auch Familienangehörige haben hingegen sehr viel mehr Recht, etwas über den Charakter der Störung zu erfahren. Dabei ist es nicht unbedingt notwendig, von anderen bedauert zu werden. Vielmehr ist die Information der anderen zum besseren Verständnis von Verhaltensweisen und »Störungen« gedacht. Das Abrufen von Ressourcen gelingt daher besonders gut, wenn soziale Unterstützung zur aktiven Lösung der anstehenden Probleme erreicht wird.

BEISPIEL ■ Das mit den Kontakten habe ich einigermaßen im Griff. Die soziale Unterstützung, die ich brauche, sind Menschen, die mich mögen, egal, ob ich gerade wie ein Wasserfall rede oder schweige. Diese Menschen gibt es inzwischen wieder in meinem Leben – das ist ein soziales Netz, das ist wichtig. Menschen, bei denen ich einfach nur *sein* darf, die mich nicht umdrehen wollen, die Zeit haben, die ein eigenes Leben haben und mich manchmal an ihrem teilhaben lassen, wenn sich mein Leben leer anfühlt … ■

Auch die Vorarbeiten für das vorliegende Buch, an dem viele Betroffene mitgewirkt haben, haben gezeigt, wie hilfreich die Zusammenarbeit der Betroffenen untereinander sein kann. Wechselseitige Information, Trost, Tipps und gegenseitige Rückmeldungen können von Menschen, die selbst betroffen sind, sehr viel besser angenommen werden. Voraussetzung ist, dass die Begegnung durch Respekt und Achtung vor dem Schicksal des anderen geprägt ist. Aus dieser Erfahrung lässt sich sagen, dass die Erarbeitung eines gemeinsamen Krankheitsverständnisses die Zusammenarbeit aller verbessert. Eventuell ist dazu die Unterstützung von professionellen Helfern notwendig.

TIPP **In dem schon erwähnten Selbsthilfeprogramm STEPPS spielt die Sicherung der sozialen Unterstützung eine große Rolle. Freunde, Angehörige und professionelle Helfer bilden dabei das unterstützende Team. Eine Aufgabe des Programms ist es, durch eine klare Sprache und eine gemeinsame Vorstellung über die Erkrankung sowie den Austausch von Informationen weitere Reibungsverluste und Uneinigkeit zu vermeiden.**

Beim Umgang mit einer Erkrankung hat die sogenannte Bewältigung eine zentrale Funktion. Die Bewältigung umfasst die Auseinandersetzung mit den Symptomen und den Konsequenzen einer Erkrankung sowie alle Entscheidungen, die aus dieser Auseinandersetzung resultieren. Bewältigung bezieht sich nicht allein auf die Gegebenheiten der Erkrankung selbst, sondern auch auf das subjektive Erleben der Erkrankung und auf die sozialen Konsequenzen.

Die Bewältigung einer Erkrankung beinhaltet also alle Aktivitäten, die zur Reduktion der Symptome dienen, Krankheitsfolgen mindern und die gesunden Anteile der Persönlichkeit stärken. So sind die Fertigkeiten zur Problemlösung ein tragendes Element der Bewältigung. Bei den folgenden Antworten von Betroffenen wird diese Vielfalt deutlich.

Erleben der Erkrankung und der Symptome

Was haben Sie versucht, um Ihre Probleme zu lösen? Wie haben Sie Ihr Umfeld mit einbezogen?

- Problemlösungen waren oft gar nicht zu finden, also bestand die einzige Möglichkeit, mit einem Problem fertig zu werden, darin: »Augen zu und durch« und warten, bis sie sich selbst gelöst haben (zum Beispiel Probleme in der Schule: warten bis zum Abitur, dann ist es vorbei). Weglaufen war auch eine Möglichkeit. Wenn das Aushalten zu schlimm wurde, habe ich versucht mich abzulenken bzw. mich zu betäuben (Alkohol, Drogen) beziehungsweise irgendwie den Druck und den Schmerz zu ignorieren (mit ein bisschen Übung klappt das sehr gut!).

- Ich habe versucht, mir Hilfe von einer Person zu holen, der ich vertraue.
- Ich versuche, meine Probleme aktiv anzugehen, und suche Hilfe zur Selbsthilfe. Leider sind die Personen, von denen ich Hilfe erwarte, unzuverlässig!

Wie effektiv waren Ihre Bemühungen?

- Probleme durch »Aushalten« zu überwinden war anfangs nicht einfach, man muss sich eine gewisse »Sturheit« antrainieren und lernen, Schmerzen (seelisch und körperlich) zu ignorieren bzw. nicht mehr zu spüren, weil einen diese Methode sonst wahnsinnig machen würde. Die Probleme kann man mit dieser Methode, wenn man sie beherrscht, recht gut durchstehen. Die Nachteile sind allerdings, dass sich einige der genannten »Fähigkeiten« auf andere Gebiete ausdehnen. Aushalten macht krank (Gastritis, Neurodermitis, Depressionen) und das Ignorieren der Schmerzen hindert einen daran, rechtzeitig zum Arzt zu gehen; das Aushalten lässt einen warten, vielleicht geht es davon allein weg. Den Punkt, an dem man definitiv »was machen muss«, findet man nicht, man merkt ihn nicht. Also: Mit Problemen kommt man so weit ganz gut klar, nur die Nebenwirkungen sind schlimm, und man verbaut sich andere Wege, Probleme zu lösen und an Dinge heranzugehen.
- Die Effektivität hängt von den Personen ab, die mir Hilfestellungen geben (könnten)! »I ever do the best I can!«

In welchen Situationen werden Sie Ihren Erwartungen an sich selbst bzw. andere Personen nicht gerecht und warum?

- Meine Anforderungen und Erwartungen an mich und andere sind sehr hoch, alles sollte meinem Ideal entsprechen. Da es für keinen Menschen möglich ist (man ist ja Mensch und keine Maschine), weder für mich noch für andere, fühle ich mich einfach zu dämlich und inkompetent, Dinge zu erledigen. Anderen unterstelle ich oft böse Absicht, wenn sie Fehler machen. Dabei weiß ich eigentlich genau, dass jeder Fehler machen kann. Ich akzeptiere es aber nicht.

- Ich werde in keiner Situation irgendwelchen Erwartungen gerecht.
- Ich stehe ständig unter Leistungsdruck und versuche immer das Beste zu geben und zu tun. Gleiches erwarte ich auch von Personen in meinem Umfeld! Ich habe keine Geduld und erwarte, dass ich ernst genommen und meine Probleme so schnell wie möglich gelöst werden!

In welchen Lebensbereichen übernehmen Sie die Beraterfunktion für andere Personen und können sich gleichzeitig selbst nicht helfen?

- In vielen Lebensbereichen kann ich anderen Tipps geben und ihnen helfen, obwohl ich selbst in einem Loch sitze.
- Ich kann anderen sehr gut Tipps im Umgang mit anderen Menschen, Behörden oder auch allgemein zum Leben geben. Ich kann auch sehr gut Partnerschaften in meinem Bekanntenkreis »kitten« bzw. die Vermittlerrolle einnehmen. Bei mir selbst klappt das nicht!!

Welche Gefühle und Gedanken bzw. Verhaltensmuster haben Sie in einer andauernden Krise?

- Gedanken und Gefühle: Ich bin wertlos, unfähig, keiner mag mich, ich gerate von einer Scheiße in die andere, alle sind gemein zu mir, wollen mir Böses, niemand hilft mir, der Mist soll endlich weg sein, aber er kommt immer wieder, die Last ist so schwer, dass ich kaum noch laufen und atmen kann, alles stürzt zusammen, ich will raus!
- Verhaltensmuster: Rückzug, äußere Ruhe, innere Unruhe,

Steigerung der Aktivität (Ablenkungen, Euphorie) bis zum abrupten Absturz in die Depression, Betäubungsversuche (Alkohol, Drogen, Schlafen, Meditation, sich ohnmächtig weinen, Oberkörper schaukeln, Musik hören) oder Kontaktversuche, wenn es noch nicht so weit ist (knuddeln, reden, ausheulen).

- Gefühl der Leere, das sich mit unendlicher Traurigkeit und Angst abwechselt. Häufig denke ich, dass ich es nie schaffen werde, und spiele mit dem Gedanken, mein Leben zu beenden.
- Ich bin enttäuscht, habe ein Gefühl der Hoffnungslosigkeit und werde aggressiv. Ich lass mich gehen und habe zu nichts mehr Lust. Wenn ich tiefer falle, geht es bis zu Suizidgedanken. Ich hasse es, wenn sich nichts bewegt!!

Was könnten Lösungsmöglichkeiten sein, die Ihnen helfen?

- Ich muss lernen, die eigene Situation objektiv zu sehen, mich nicht von unlogischen Verhaltensweisen ablenken lassen, planen, sinnvoll Probleme zu lösen, lernen, mich wieder selbst zu spüren und auf mich selbst zu achten. Es ist wichtig, aktiv an dem Problem zu arbeiten, sein Leben selbst in die Hand zu nehmen. Meine bisherigen Erfahrungen nach sind Patienten, die schon weiter sind, sehr hilfreich, wenn sie ihre Erfahrungen und Erfolge weitergeben. Man muss sich unbedingt verstanden fühlen. Genaue Lösungsmöglichkeiten kenne ich noch nicht, da ich mich krankheitsbedingt selbst noch nicht genau kenne bzw. die Gedanken noch nicht logisch geordnet habe. Fortbildung ist auf jeden Fall sehr wichtig. Ich denke, Borderliner können sich recht gut erst mal selbst helfen, wenn sie das nötige Wissen und Handwerkszeug zur Verfügung haben. Ein hohes Maß an Vertrauen vielleicht auch,

Kumpelhaftigkeit von Betreuern und Therapeuten ist sehr hilfreich. Es fällt auf, dass dies bei Betreuern, die Kontakt zu den Patienten suchen (nachts quatschen im Zimmer) eher der Fall ist als bei Betreuern, die ihre Aufgaben, Gespräche und Therapien erledigen und sonst nichts mit den Patienten zu tun haben wollen. Ich denke dabei auch ans Raucherzimmer, wo Therapeuten, Betreuer und Pfleger mehr lernen als aus Büchern.

- Was wir meistens hilft, ist, wenn irgendjemand einfach nur da ist und mir zuhört, wenn ich weiß, dass ich nicht jedem egal bin.
- Für mich wäre die Grundbedingung: Wenn ich zuverlässige und professionelle Hilfe zur Selbsthilfe bekäme und meine Probleme so schnell wie möglich angehen könnte.

Bewältigung kann theoretisch aus verschiedenen Perspektiven betrachtet werden. Zunächst können jene Verhaltensweisen beschrieben werden, die einen günstigen oder einen ungünstigen Effekt auf die Erkrankung haben. So kann der Konsum von Alkohol auch als »Selbstmedikation« gewertet werden. Die Einordnung von Bewältigungsstrategien ist aber von Wertungen abhängig und somit von subjektiven Faktoren. Es müssen individuelle aktive Formen des Umgangs mit der Erkrankung gefunden werden. So lässt sich Bewältigung auch verstehen als Suche nach Lebenssinn, nach Information (Fachliteratur, Erfahrenenberichte, Internet, Gespräche mit anderen Betroffenen), nach sozialer Unterstützung und nach offenen Ausdrucksmöglichkeiten mit anderen Menschen.

TIPP Nehmen Sie sich einmal die Zeit, um genauer herauszufinden, was Ihrem Leben Sinn gibt bzw. noch mehr Sinn geben könnte. Was sind Ihre Hobbys? Mit wem führen Sie diese gerne aus? In welchen sozialen Kontexten ließen sich diese Tätigkeiten intensivieren? Wo finden Sie neue Informationen zu Ihren Hobbys oder anderen Lieblingsthemen?

Persönliche Offenheit

Wie gut wissen andere Menschen über Sie Bescheid?

- ◻ Viele wissen nichts von alldem, weil ich einige Rollen gut einstudiert habe, die auch funktionieren. Diese Rollen beinhalten zwar immer einen Teil von mir, aber auch nur einen kleinen.
- ◻ Meine Kollegen erleben mich offenbar als gute und engagierte Mitarbeiterin. Nur zwei von ihnen wissen, dass ich eine Störung habe. Die kennen mich aber auch schon seit sechs Jahren.
- ◻ In der Uni weiß kaum jemand Bescheid. Habe mir da auch eine gute Rolle zugelegt: Bin inzwischen zum Beispiel sehr gut im Halten von Referaten. Mein betreuender Professor hält mich für sehr intelligent und einfühlsam.
- ◻ Wer mich länger kennt, merkt schon, dass ich komisch bin.
- ◻ Von den wenigen intensiven Freundschaften, die ich hatte, sind die meisten irgendwann mit einem riesigen Knall geplatzt. Die Schuld dafür habe immer ich bekommen, ich bin halt zu komisch, zu verschieden, zu anders, zu ...

Spezifische Problemstellungen im Zusammenhang mit der Borderline-Störung

Die im vorherigen Kapitel angestellten allgemeinen Überlegungen sind Ausgangspunkte für Fragen, die sich mit spezielleren Problemen der Borderline-Störung auseinandersetzen. Im Rahmen dieses Ratgebers können selbstverständlich nicht alle Probleme angesprochen werden. Die wichtigsten aber werden im Folgenden genannt.

Selbstgefährdung ist ein Oberbegriff für alle Verhaltensweisen, welche die körperliche und psychische Gesundheit eines Menschen bedrohen. Im Rahmen der Borderline-Störung gibt es eine Vielzahl von möglichen Selbstgefährdungen, von denen die chronische Suizidalität sicherlich besonders belastend ist. Selbstverletzungen kommen oft im Rahmen der Erkrankung vor, sind aber nicht unbedingt Ausdruck einer bestehenden Suizidalität. Daneben existieren noch zahlreiche Formen der Selbstschädigung, etwa übermäßiger Alkohol- und Drogenkonsum. Folgende Beschreibungen von Betroffenen zeigen die Vielfalt von Selbstgefährdungen im Rahmen des Borderline-Syndroms:

Selbstgefährdungen

Wie kann sich Selbstgefährdung äußern?

- In meiner Jugendzeit habe ich viel Alkohol und Medikamente konsumiert. Viele Suizidversuche standen in Verbindung mit Alkohol.
- Ich habe mich geschnitten und verbrannt. Wenn ich so nicht mit Stress oder extrem starken Gefühlen klarkam, habe ich auch Alkohol getrunken, um mich zu betäuben und alles besser aushalten zu können.

- In der letzten Zeit habe ich viel Haschisch konsumiert und viel Alkohol getrunken, manchmal bis zum Umfallen. Mit zwölf Jahren habe ich begonnen, mich zu schneiden, und habe mich in den Folgejahren immer wieder geschnitten, wenn ich keine Möglichkeit hatte, mich umzubringen. Hauptsache, ich tue mir was an, egal wie. Sexuelles Abreagieren oder auch Aggressivität sind vorgekommen. Manchmal hatte ich eine große Zerstörungswut gegen leblose, aber auch manchmal gegen lebende Objekte.
- Ja, ich habe geritzt und drei Monate lang stark gesoffen.
- Ja, zweimal habe ich mich mit dem Messer am Arm verletzt. Seit vielen Jahren nehme ich Drogen und trinke Alkohol. Ja, ich habe mir selbst geschadet. Mit Alkoholmissbrauch beispielsweise, aber auch mit anderen selbstschädigenden Verhaltensmustern, zum Beispiel durch die Hörigkeit gegenüber Männern und durch die Nichtbeachtung der eigenen Bedürfnisse.
- Geritzt, Kopf gegen die Wand geschlagen, lange heiß geduscht, Essen verweigert oder so. Viel gegessen, um es wieder auszubrechen, Schlaftabletten eingenommen und gelegentlich Haschisch geraucht.
- Ja, ich »schädige« mich selbst! Aber es ist oft die einzige Möglichkeit, nicht noch tiefer »runterzusauen«, also, ich schädige mich selbst, heißt eben auch, ich schütze mich selbst. Klingt blöd, was?
- Ich habe mich geschnitten. Ich bin trockene Alkoholikerin seit sieben Jahren. Drogenkonsum hatte ich von 18 bis 21 Jahren. Medikamentenabhängig war ich von 18 bis 25 Jahren.
- Seit einem Jahr nicht mehr, rauche zum Beispiel nicht mehr.

Der Umgang und die Überwindung der Suizidalität stellt einen ersten und sehr wichtigen Schritt auf dem Weg zur Gesundheit dar. »Mit 14 Jahren habe ich einen Vertrag mit mir abgeschlossen: nicht jetzt schon sterben, sondern warten, bis ich 18 bin. Danach versuchen, 28 zu werden – Vertrag ist inzwischen abgelaufen, muss jetzt ständig neue Verträge mit mir aushandeln.«

Die anhaltende Beschäftigung mit Tod und Suizid kann eine starke Anziehungskraft ausüben und sogar das Denken und Fühlen bestimmen. Dazu passen Überlegungen, auf welche Art das Leben zu beenden ist. Diese Gedanken können eine Art Flucht aus der Wirklichkeit darstellen. Die Androhung eines Suizids hat so gut wie immer einen zwischenmenschlichen Aspekt (Appellcharakter). Die Reaktion anderer auf Suizidandrohungen kann besorgt und fürsorglich, aber auch ablehnend und wütend ausfallen. Gerade bei häufiger Wiederholung der Drohung wird es für das soziale Umfeld immer schwerer, die einzelne Ankündigung noch ernst zu nehmen.

Natürlich stellt der Suizid keine Lösung dar. Werden die Gedanken an den Suizid als Hintertür benutzt, dann entsteht die Gefahr, dass die eigenen Versuche, Veränderungen durchzuführen, nicht mehr ernst genommen werden.

Selbstgefährdendes Verhalten steht nicht immer im Zusammenhang mit einer Selbsttötungsabsicht. Trotzdem ergeben sich für beide Bereiche Gemeinsamkeiten. Wie alle seelischen Erkrankungen ist auch die Borderline-Störung mit einem erhöhten Suizidrisiko behaftet. Die Besonderheit dieser Störungen liegt aber darin, dass *chronische Suizidalität* in dieser Gruppe weit verbreitet ist. Damit sind häufig wiederkehrende Gedanken an den Suizid oder häufige sogenannte parasuizidale Handlungen gemeint. Der Wunsch zu sterben kann sich so sehr in den Vordergrund drängen, dass der Alltag weitgehend davon bestimmt wird. Suizidale Verhaltensweisen können sich aber nicht nur in den Gedanken und Gefühlen ausdrücken, sondern sie erhöhen auch die tatsächliche Gefahr des Suizides. Dies gilt auch in dem Fall, dass die suizidalen Gedanken und Verhaltensweisen schon lange vorhanden sind und der Betroffene und die Umwelt nur noch mit Mühe die tatsächliche Bedrohung wahrnehmen können. Gedanken an einen Suizid und an suizidale Verhaltensweisen sind daher *immer* ein ernst zu nehmendes Alarmsignal.

Bedingungen für suizidales und selbstgefährdendes Verhalten

Suizidgedanken und chronische Suizidalität sind an bestimmte Bedingungen geknüpft, von denen einige eng mit der Borderline-Persönlichkeitsstörung zusammenhängen. Eine wichtige Rolle spielen auch hier die Emotionen. Insbesondere ein hohes Maß an Wut, Feindseligkeit und Reizbarkeit trägt dazu bei, dass sich Lebensüberdruss breitmachen kann und sich eine chronische Verstimmung entwickelt. Ebenso tragen konfliktreiche Beziehungen dazu bei, dass sich Suizidgedanken in den Vordergrund schieben, zumal wenn das soziale Netzwerk insgesamt schwach ausgebildet ist und ohnehin viele Schwierigkeiten im zwischenmenschlichen Bereich existieren.

Suizidalität haben auch immer etwas mit Flucht zu tun. Sie entwickeln sich dort, wo zwischenmenschliche Probleme eher passiv angegangen werden. Ebenso trägt ein niedriges Selbstwertgefühl zu einer Verschärfung der Problematik bei, wie auch das Schwarz-Weiß-Denken und das starre Festhalten an bestimmten Lösungswegen. All das kann das Einschlagen eines lebensbejahenden Wegs erschweren oder verhindern. Zusätzlich können Alkohol- und Drogenmissbrauch die Hemmschwelle verringern, sich selbst zu schädigen.

Umgang mit suizidalem Verhalten

Da suizidale Verhaltensweisen ernst zu nehmende Warnsignale sind, ist deren Reduktion eines der wichtigsten Ziele des Gesundungsprozesses. Etwas an seinen Problemen ändern zu wollen bedeutet auch, ein klares Votum für das Leben abzugeben. Suizidalität ist auch kein Ausweg für den Fall, dass man bei der Bewältigung der Erkrankung nicht sofort erfolgreich ist. Solange man sich solche Hintertüren offen hält, ist die Konzentration auf die positive Veränderung gestört. Immer wieder ist zu bedenken, dass es einen Ausweg aus der Erkrankung gibt, auch wenn der Weg dahin nicht immer klar vor Augen ist.

Auch bei dem Umgang mit suizidalem Verhalten sollten die Probleme zur Klärung in eine Hierarchie gebracht werden. Zunächst stehen die suizidalen Handlungen im Mittelpunkt. Nicht nur, dass sie oft körperliche Schäden hinterlassen, sondern sie verringern auch den inneren Abstand zum Suizid. Daher sollte man sehr konsequent gegen diese Verhaltensweisen angehen. In einem zweiten Schritt geht es darum, gegen Suizidgedanken und Suiziddrohungen zu arbeiten. Sie sind keine natürlichen Umgangsformen mit Problemen und es ist nicht sinnvoll, immer wieder über die Möglichkeit einer Selbsttötung zu reden. Vielmehr sollte man versuchen, alle Äußerungen und Gedanken bezüglich dieses Themas zurückzudrängen. Erst dann können die Erwartungen und Vorstellungen reflektiert werden, die mit suizidalem Verhalten verbunden sind. Sind etwa die Gedanken damit verbunden, sich an anderen zu rächen oder andere leiden zu lassen? Will man vor einer als unerträglich empfundenen Situation entfliehen? Erwartet man Erleichterung oder ist der Glaube vorhanden, dass mit dem Suizid Schuld und Fehler wiedergutgemacht werden könnten? Erscheint der Gedanke an einen Suizid als einzige Möglichkeit, dem Gefühl der Einsamkeit zu entfliehen, fühlt man sich unverstanden oder von anderen im Stich gelassen?

Das Ziel bei der Bewältigung von suizidalem Verhalten ist also, die Gedanken und Verhaltensweisen zurückzudrängen und die mit diesem Verhalten verbundenen Emotionen in einen anderen Zusammenhang zu stellen. Durch eine Hierarchisierung der Ziele lassen sich die Probleme in unterschiedliche Kategorien einteilen. Das Erkennen der Probleme ist daher der erste Schritt. Die Entstehungsbedingungen zu analysieren, die eigenen Erklärungen nachzuvollziehen und die Gefühle einzuordnen sind der zweite Schritt. In einem dritten sollten Alternativen gesucht werden, die sich jeweils auf die Handlungen, die Gedanken und die Emotionen beziehen. In jedem Fall gilt aber die Voraussetzung, dass Suizid als inakzeptables Verhalten anerkannt wird.

Selbstverletzendes Verhalten

Eine Variante des selbstschädigenden Verhaltens ist das selbstverletzende Verhalten. Es gibt sozial und kulturell akzeptierte Formen der Selbstverletzung, etwa das Piercing oder Tätowierungen. Selbstverletzungen können den Charakter der Verstümmelung haben, sich als wiederholendes Verhalten zeigen (Kopf gegen die Wand schlagen) oder zumindest mäßige Schädigungen beinhalten wie Kratzen, Schlagen, Verhinderung der Heilung.

Eine mäßige Schädigung wird im folgenden Beispiel beschrieben:

BEISPIEL ■ Selbstverletzungen wurden mir bereits als »Zwangshandlungen« diagnostiziert. Meine Variante ist: Ich zerdrücke mir das Gesicht und nenne das »Pickelausdrücken«. Habe oft so viele entzündete Stellen im Gesicht, dass ich ungeschminkt gar nicht vor die Tür gehen würde. Ich übertreibe es maßlos mit meinen langen Fingernägeln und steche die Pickel mit Nadeln auf, ein Skalpell habe ich auch schon eingesetzt. Der Witz ist: Ich habe gar keine Akne. Mir ist auch klar, dass nach solchen Aktionen nichts besser aussieht als vorher. Ich kann mich allerdings nur sehr schlecht bremsen; mein derzeitiger »Rekord« liegt bei acht Stunden am Stück vor dem Spiegel. ■

Selbstverletzendes Verhalten steht selten im Zusammenhang mit der Absicht, das Leben zu beenden, sondern entwickelt sich oft als Folge eines inneren Spannungsgefühls.

BEISPIEL ■ Stehe wieder voll unter diesem Zwang, einem nur sehr schwer zu unterdrückenden Drang: dem Druck, mich selbst zu verletzen. Das Gefühl, das alle, die es nicht kennen, unterschätzen. Oft fühle ich mich innerlich ausgehöhlt und leer. Direkt so, als ob irgendetwas in mir gestorben wäre. Oft lache ich über Dinge, die ich nicht lustig finde. Oft bin ich äußerlich erwachsen, aber innerlich wie ein Kind. In diesen Situationen weiß ich nicht, was ich will. Meist wird mir in diesen Situationen alles zu viel. Oft fühle ich mich ganz leicht und gleichzeitig schwer. Als ob ich wegwollte, aber am Hier und Jetzt gefesselt bin. In meinem Kopf fährt ein Gedanke Karussell. Ich kann jede Einzelheit erkennen, trotzdem geht alles viel zu schnell. Wenn ich dann nicht weiß, wo mir der Kopf steht, nicht weiß, woher der Wind weht, wenn dann auch nur noch eine Kleinigkeit passiert, ist es klar, dass der Druck eskaliert. Und wenn ich mir dann keinen Schmerz zufüge, weiß ich, mein Körper ist tot. ■ Und meine Gefühle? Sie fahren mir davon. Aber das kenne ich ja schon. Wie das berühmte Rudel Schlittenhunde, das sich nicht auf eine Richtung einigen kann. Und ich sitze auf einem Schlitten und komme nirgends an. Nur der Druck ist wie ein Bumerang, kommt immer wieder auf mich zu. ■

Die Selbstverletzung führt zu einer Auflösung der inneren Spannung, also zu einem angenehmen Gefühl. Auch die Intensität des Schmerzes lässt nach, weil durch die Selbstverletzung im Gehirn Morphine freigesetzt werden, die den Schmerz verringern.

Es finden sich aber noch andere Triebfedern der Selbstverletzung. So kann sie eine depressive Stimmung positiv verändern. Sie kann bedrohliche Impulse (etwa sich selbst töten zu müssen) abwenden oder auch zur Selbstbestrafung dienen. Viele Menschen verletzen sich selbst, um sich besser *fühlen* zu können und eine innere Leere zu beseitigen, oder sie können damit Gefühle der Entfremdung und Dissoziation beenden.

Selbstverletzung hat aber auch eine zwischenmenschliche Funktion und spiegelt die Ambivalenz im Umgang mit anderen wider. Dies wird vor allem dann deutlich, wenn die Betroffenen die Selbstverletzung zu verbergen versuchen, aber gleichzeitig darunter leiden, wenn niemand auf die Selbstverletzungen achtet. Selbstverletzungen haben dann den Charakter eines heimlichen Appells.

Selbstverletzungen werden gelernt. Dazu ein Beispiel:

BEISPIEL ■ Frau S. wächst zusammen mit einem Bruder auf. Die Beziehung der Eltern ist durch ständige Streitigkeiten über das

Geld geprägt, die sich oft vor allem beim gemeinsamen Mittagessen an Kleinigkeiten entzünden. Die Spannungen zwischen den Eltern sind so erheblich, dass auch die Kinder immer wieder in die Streitigkeiten hineingezogen werden. Eines Tages steht Frau S. auf und ritzt sich mit dem Küchenmesser vor den Augen der Eltern in den Unterarm. Die Eltern erschrecken und holen einen Arzt. Für einen Moment kommt der Streit zwischen den Eltern zum Stillstand. Das Manöver war »erfolgreich«. ■

So hat jede Selbstverletzung ihre Geschichte, wie es auch an der folgenden Erzählung deutlich wird.

BEISPIEL ■ Seit fünf Jahren kenne ich jetzt meine Diagnose. Für mich verlief die Krankheit in verschiedenen Stadien:

1. Zuerst habe ich mich selbst verletzt, um damit etwas zu erreichen (z.B. raus aus dem Elternhaus).
2. Dann wollte ich einfach nur Aufmerksamkeit erregen.
3. Danach kamen die Hilferufe (Selbstmordversuche).
4. Schließlich kam die Zeit, in der ich mit der ganzen vorausgegangenen Scheiße aufhören wollte, denn auch eine schlechte Vergangenheit ist für das obige Verhalten keine Entschuldigung. Als ich abrupt aufhörte mit der Schnippelei, habe ich schwere Depressionen und Angstzustände bekommen (panische Angst vor Vergiftungen), auch schwere Stimmungsschwankungen und sogar Angst vorm Schnippeln etc. Zum Schluss habe ich mich kaum noch in die Schule oder nach draußen getraut, weil ich ständig psychosomatischen Durchfall hatte. Aber das Schlimmste war immer der Gedanke, dass alles nie aufhört, nicht einmal nach dem Tod.
5. In der jetzigen Phase lerne ich mit meinen Gefühlen, meinen Ängsten und dem Druck umzugehen und für das autoaggressive Verhalten Alternativen zu finden. Vieles ist mir schon gelungen. Ich habe es geschafft, in Krisen schlechte Gefühle zu akzeptieren,

mir auch zu erlauben, dass es mir nicht gut gehen kann. Aber trotzdem ist immer die Angst vor dem nächsten Druck da. Ich weiß zwar, dass er immer wieder weggeht, aber ich weiß auch, dass er immer wiederkommt, und das macht Angst. ■

Ebenfalls sehr anstrengend ist, dass ich in allen fünf Phasen mehr oder weniger in meiner eigenen Welt lebte. Es ist schwer, wieder in die Wirklichkeit zu kommen, und darin komme ich nicht klar. ■

Ich weiß, dass ich noch viel ändern muss, um irgendwann wieder richtig leben zu können und mit beiden Beinen auf der Erde zu stehen. Das ist sehr schwer, wenn man so oft auf Nichtverstehen stößt. Ich kann mir eigentlich nur selbst helfen, aber ich hoffe, dass ich auf meinem Weg Unterstützung finde. ■

Das Problem der Selbstverletzung ist gleichsam ihr Erfolg (Druckabbau), nur dass sich daraus ein regelrechter Zwang (oder eine Sucht) entwickeln kann. Für viele Menschen erscheint die Selbstverletzung am Ende als das einzige Mittel, der inneren Not zu entkommen.

BEISPIEL ■ Vor ein paar Tagen bin ich völlig durchgeknallt. Weiß nicht, was ich dachte. Irgendwie nichts. Hatte die Kontrolle verloren. Mich interessierte nichts mehr, außer wo die Autobahn nach W. ist. Ich habe nichts gefühlt. Hatte weder Angst noch Panik noch Sorge, dass mir auf dem Weg zur Autobahn etwas passieren könnte. Ich war völlig leer, erschöpft und ausgebrannt. Musste irgendetwas machen. Bin völlig am Ende, kann nicht mehr, weder psychisch noch körperlich. Stecke im Loch, finde den Weg raus nicht mehr. Kann mich nicht fallen lassen. Habe mich aber auch noch nicht entschließen können, ob ich die Therapie weitermachen soll oder nicht. Ich kann mich einfach nicht öffnen. Bin noch nicht so weit. Bin eben ein Feigling, irgendein Arschloch und nur irgendwer. Nur eine kleine Nummer auf dem Friedhof, tot und begraben.

Habe Druck ohne Ende. Weiß nicht, wie lange ich dem Druck noch standhalten kann. ■ Am letzten Donnerstag schrieb ich einen Brief an Frau Dr. W., dass ich mich vom J. unter Druck gesetzt fühle wegen der Therapie. War noch im Loch und hatte noch keinen Weg nach draußen gefunden. Brauchte noch Zeit, um für die Therapie bereit zu sein. Wollte mir aufgrund des Drucks der Belastungen eine Auszeit nehmen. Zusätzlich wollte ich mich entlassen lassen. Um den Druck loszubekommen und aus dem Loch zu kommen, habe ich mir den linken Unterarm oberflächlich verletzt. ■ Aber ich habe den Druck nur ein bisschen hinuntergeschraubt bzw. schrauben können. Der Druck wurde am Freitag, ohne dass ich es gemerkt habe, stärker. Freitagnachmittag habe ich es erst gemerkt. Ich lief irgendwie neben mir her, wurde innerlich unruhig und nervös, fing an, mit den Händen zu zittern. Als ich mir das Fußballspiel anschaute, merkte ich, dass ich einerseits das Spiel ansah, andererseits nichts vom Spielverlauf mitbekam und den Ball suchte. Hatte irgendwie ziemliche Probleme, mich auf das Fußballspiel zu konzentrieren. Ich weiß nicht, in welchem Film ich war. Kann es nicht beschreiben, wo mein Kopf und meine Gedanken waren. Im Niemandsland. ■ Samstag lief es so ungefähr gleich wie am Vortag. Samstagabend konnte ich den Druck irgendwie nicht mehr zurückhalten. Ich versuchte zu schlafen. Der Druck, innerliche Unruhe, Nervosität, das Rappeln, Am-Rad-Drehen und das Zittern mit den Händen wurden so stark, dass ich es nicht mehr verhindern konnte, mich zu verletzen, zu schneiden. Ich konnte es nicht mehr steuern und verlor die Kontrolle. ■ Jetzt bin ich zwar schon – oder erst? – drei Wochen in der Klinik, konnte aber noch nicht umsetzen und anwenden, was ich im Kopf weiß und gelernt habe. Ich weiß, dass es nicht der richtige Weg ist, um Druck loszuwerden, den Weg aus dem Loch zu finden. War zwar der falsche Weg und habe noch mit alten Verhaltensmustern reagiert, aber ich konnte noch nicht anders. Musste was machen, um aus dem Loch zu kommen, auch um die Therapie fortzusetzen und bereit zu sein, die Therapie zu machen. ■ Auch wenn es leider mit den alten Verhaltensmustern lief, hat es mir aber geholfen, den Druck so weit wegzukriegen und einen Weg aus dem Loch zu finden. Jetzt kann ich die Therapie positiv fortsetzen. ■

■■■ Umgang mit Selbstverletzungen

»Ich habe vor die Selbstverletzungen Hindernisse aufgebaut: Bevor ich zum Messer greife, gehe ich zwei Stunden im Dunkeln skaten, versuche meinen Körper zur Ruhe zu bringen, versuche zu schreiben, versuche zu reden ... Wenn es aber drei Uhr morgens wird und ich immer noch unter Druck stehe, dann greife ich auch zum Messer – dumm gelaufen. Aber auch dann betreibe ich Gefahrenreduktion: Ich schneide möglichst nicht. Ich scheure mir nicht mehr die Arme unkontrolliert an einer Mauer auf oder schlage auf etwas Hartes ein, sondern habe mich für ein Messer entschieden: hygienischer, kaum bleibende Narben ...«

Beim Umgang mit Selbstverletzungen sind zwei Schritte erforderlich:

1. Entwicklung von Strategien, der Selbstverletzung auszuweichen,
2. Erarbeitung von Alternativen, um die innere Spannung zu bewältigen.

Es kann sich als sehr nützlich erweisen, dass zu Beginn der Überlegungen die Geschichte der Selbstverletzung zurückverfolgt wird. Die Überlegungen, welche Umstände zur Selbstverletzung geführt haben, können Aufschluss darüber geben, unter welchen Bedingungen Selbstverletzungen immer noch auftreten. Um sie zu bewältigen, ist es notwendig, sie zu verstehen. Dann ist zu fragen, warum sich dieses Verhalten so verselbstständigt hat. Auf die Gegenwart bezogen kann eine Analyse des Profils der Köperschädigung das Ausmaß des Problems einschätzen helfen. In diesem Rahmen können die Gefühle, Gedanken und auslösenden Situationen der Selbstverletzung zugeordnet werden. Ebenso sind jene Situationen aussagekräftig, in denen es gelungen ist, die Selbstverletzung zu vermeiden. Und: Hat fremde Hilfe dabei eine Rolle gespielt?

Als Zusammenfassung dieser Überlegungen ist es möglich, eine Theorie zu entwickeln, welche Funktion und welche Ursachen das selbstverletzende Verhalten hat. Von Bedeutung ist, die Rolle der Dissoziation zu bewerten, denn gerade bei der Entwicklung von alternativen Strategien haben sich dissoziative Techniken bewährt. Damit sind Strategien gemeint, die mit Hilfe von Suggestion und Autosuggestion einen inneren Spannungsabbau bewirken sollen.

Zudem existieren Regeln für den Umgang mit selbstverletzendem Verhalten:

- Finden Sie heraus, welche Handlungen, Gedanken und Gefühle selbstverletzendes Verhalten verstärken. Versuchen Sie dann, etwas gegen diese Verstärker zu tun.
- Überlegen Sie, welche Rechtfertigungen für das selbstverletzende Verhalten gefunden werden können. Finden Sie heraus, welche Gegenargumente existieren.
- Entwickeln Sie Alternativen, um mit Belastungen fertig zu werden.
- Suchen Sie Bestätigung von anderen für den Wunsch, mit dem selbstverletzenden Verhalten aufzuhören.

- Suchen Sie nach äußeren Bedingungen, die selbstverletzendes Verhalten unwahrscheinlicher machen. Eventuell ist die Suche nach sozialer Unterstützung hilfreich.
- Werten Sie Ihre Erfahrungen fortlaufend aus und verändern Sie die Ziele und die Planung, wenn Fortschritte erzielt worden sind.

Der zwischenmenschliche Aspekt selbstverletzenden Verhaltens ist für den Betroffenen sicherlich eines der schwierigsten Kapitel, oft stehen starke Wünsche an andere dahinter. Wer möchte denn schon als manipulativ gelten? Nichtsdestotrotz bedarf es einer gewissen Offenheit darüber, welche Erwartungen eigentlich an den anderen gestellt werden. Es kann legitim sein, versorgt und behütet werden zu wollen. Ein offener Hilferuf wird also unter Umständen sehr viel besser verstanden und akzeptiert. Versteckte Hilferufe führen hingegen oft zu Wut und Ablehnung. Ein Beispiel dafür stellt die sogenannte artifizielle Störung dar. Dabei fügen sich Menschen Schädigungen zu, um medizinische Hilfe in Anspruch zu nehmen. Nach einer gewissen Zeit wird dieses Verhalten von den Ärzten erkannt und führt dann auf deren Seite zu heftiger Ablehnung. Daraus entsteht ein Kreislauf, mit dem keiner der Beteiligten zufrieden sein kann.

Einschränkungen der Lebensqualität und Probleme bei der Lebensführung

Suizidalität und Selbstverletzung sind spektakuläre Phänomene, die im Rahmen der Borderline-Störung auftreten. Von vielen werden diese Phänomene sogar unberechtigterweise mit der Erkrankung gleichgesetzt. Viel häufiger und oft sehr viel leidvoller sind jene Folgen der Störung, die sich negativ auf die Lebensqualität auswirken.

Dabei ist »Lebensqualität« schwer fassbar und setzt sich offensichtlich aus verschiedenen Elementen zusammen. Ein zentrales Element ist die persönliche Zufriedenheit. Menschen zeigen eine Tendenz, weitgehend mit ihrem Leben zufrieden zu sein, auch wenn die objektiven Lebensbedingungen nicht so optimal sind. Umgekehrt führt ein ständiges Gefühl der Unzufriedenheit zu einer schweren Beeinträchtigung der Lebensqualität.

Unsere persönliche Zufriedenheit hängt von unseren sozialen Rollen ab. Eine tatsächlich eingenommene soziale Rolle und die mit ihr verbundenen Rollenerwartung sind daher Elemente der Lebensqualität. Auffällig ist, dass Menschen nicht unbedingt nach perfekter Normalität streben (hundertprozentige Anpassung an soziale Rollen), sondern sich in einzelnen Aspekten durchaus vom Durchschnitt unterscheiden möchten. So sichert sich ein jeder seine Individualität. Die sozialen Rollen eines Menschen und der Grad der jeweiligen Erwartungen hängen vom kulturellen Wertesystem und von den eigenen Zielen ab. Die Lebensqualität hat aber auch etwas mit der Befriedigung von individuellen Bedürfnissen zu tun. Schließlich ist Lebensqualität eine subjektive Größe und hängt mit der Bewertung der eigenen Biographie und mit Zukunftserwartungen zusammen.

Eine Voraussetzung für die Lebensqualität ist die Fähigkeit, Reize aus der inneren und äußeren Umgebung einzuordnen und damit vorhersehbar und erklärbar zu machen. Eine wichtige Funktion hat hier die sogenannte Selbstwirksamkeitserwartung. Damit sind die Erwartungen im Hinblick auf die Konsequenzen für das eigene Befinden gemeint. So kann ein Anruf des Partners Spannungen auflösen helfen, aber auch durch das Aufplatzen alter Wunden die Spannungen noch erhöhen. Zur Verarbeitung der Reize muss auf verschiedenste Ressourcen zurückgegriffen werden, etwa auf die Fähigkeit, Emotionen wahrzunehmen und zu kontrollieren. Nur so können Anforderungen als Aufgaben verstanden werden, für die sich Anstrengung und Engagement lohnen. Genau diese Voraussetzungen sind jedoch bei der Borderline-Störung oft nicht gegeben. Die Störung des Selbstbildes und die Schwankungen in der Kompetenz lassen die Umgebung unberechenbar und bedrohlich erscheinen. Die Entwicklung von subjektiv akzeptierten Werten ist unter dieser Voraussetzung schwer zu erreichen. Stattdessen entwickeln sich Verhaltensweisen, die die Lebensqualität weiter reduzieren. Dazu gehören Substanzmissbrauch, feindseliges Verhalten, maßloser Konsum, Einlassen auf extreme finanzielle Risiken, Gesundheit gefährdendes Verhalten, wechselhaftes Verhalten im schulischen und beruflichen Bereich sowie Störungen bei der Aufnahme und der Aufrechterhaltung sozialer Kontakte.

Zuletzt soll noch auf ein Phänomen hingewiesen werden, das ebenfalls im Rahmen der Borderline-Störung auftritt: die ständige Suche nach sensationellen und außerordentlichen Erlebnissen (»sensation seeking«). Diese eigentlich in der menschlichen Natur angelegte Tendenz (das Grundbedürfnis der Suche nach neuen Erfahrungen) wird durch moderne Medien sicherlich noch verstärkt. Weil im Rahmen der Borderline-Störung diese Tendenz zur Abmilderung des Gefühls der inneren Leere und zur Spannungsreduktion führen kann, ist aber die Gefahr der Entgleisung besonders groß. Es kann sich sogar eine Art Sucht entwickeln. Über kurz oder lang führt die Sensationslust zu einer Einschränkung der Lebensqualität. Alltagssituationen verlieren ihren emotionalen Reiz und selbst die Sensationen werden mit der Zeit fade, sodass immer neue und stärkere Reize notwendig sind, um den gleichen Effekt zu erzielen.

Sensationslust kann sich auf verschiedene Weise äußern. Das Suchen nach Spannung und Abenteuer durch riskante und aufregende Tätigkeiten, etwa bestimmte Sportarten oder zu schnelles Fahren, gehört ebenso dazu wie die Tendenz zu einem wenig angepassten Lebensstil. Aber auch so etwas wie soziale Enthemmung, etwa im Rahmen starken Alkoholkonsums, kann mit Sensationslust zu tun haben.

Die unzureichende Kontrolle von Impulsen kann Verhaltensweisen begünstigen, die die Lebensqualität negativ beeinflussen. Die Handlung, die durch diesen Impuls ausgelöst wird, führt dann zur Beruhigung, beispielsweise bei der Kleptomanie. Impulsivität kann die gesamte Persönlichkeit prägen und so zum Auslöser unangemessener Verhaltensweisen werden. Sie kann zuletzt auch das Denken bestimmen, sodass eine Reflexion und Auswertung von Erfahrungen unterbleiben.

TIPP **Machen Sie sich gezielt auf die Suche nach entspannenden Situationen. Wann können Sie Ruhe gut aushalten? Suchen Sie in Ihrem Alltag nach solchen entspannenden Phasen, so kurz sie auch sein mögen.**

Ausgehend von der Analyse der Verhaltensweisen, die die Lebensqualität negativ beeinflussen, können die Schritte geplant werden, die zur Verbesserung der Lebensqualität führen können. Bei diesen Schritten ist die Übernahme von Verantwortung wichtig. Es gilt: Ich bin für mein Handeln selbst verantwortlich – wer sollte denn die Verantwortung für mein Handeln übernehmen, wenn nicht ich?

Zufriedenheit ist eine zum Teil subjektive Größe, bei der es einen großen eigenen Gestaltungsspielraum gibt. Von diesem Punkt aus lassen sich Fragen formulieren, deren Beantwortung bei der Bewältigung der Krankheitsfolgen helfen kann:

- Welche Faktoren tragen zur Unzufriedenheit, welche zur Zufriedenheit bei?
- Welche Erwartungen müssen erfüllt sein, damit sich bei mir Zufriedenheit einstellt?
- Stimmen diese Erwartungen mit meinen Möglichkeiten überein, auf was kann ich eventuell verzichten?
- Entsprechen die Erwartungen eigenen Bedürfnissen oder sind sie durch soziale Normen geprägt?
- Welche Verhaltensweisen stehen im Sinne der Lebensqualität einer Erfüllung der eigenen Erwartungen entgegen?
- Welche positiven wie negativen Auswirkungen sind denkbar, wenn ich auf diese Verhaltensweisen verzichte?
- Welche Alternativen können gefunden werden, die keine negativen Auswirkungen auf die Lebensqualität haben?

In welchen Situationen ereignet sich selbstschädigendes Verhalten?

Gibt es Situationen, bei denen Sie anfälliger sind für selbstschädigendes Verhalten?

- Ja, bei Ablehnung, bei beruflichem Stress, beim Alleinsein, mit Alkohol und wenn böse Menschen um mich rum sind.
- Wenn der Mann, den ich meine zu lieben, sich von mir zurückzieht, mich im Stich lässt und lieber mit Freunden seine Zeit verbringt.

- Ja. Wenn ich übermüdet bin, bei Über- oder Unterforderung im Beruf, wenn ich meine Tage habe.

Wie reagiert Ihr Umfeld auf Ihr selbstschädigendes Verhalten?

- Ich glaube nicht, dass das jemanden wirklich interessiert.
- Alle reagieren mit Rückzug, mit Vorwürfen, aggressiv oder gar nicht.
- Es wissen nur zwei davon; es wird geschimpft und mir verboten, allerdings auch immer wieder nachgefragt, warum ich das tue.
- Meine Freunde reagieren mit Unverständnis und sogar mit Wut.

Verantwortung

In welchen Situationen haben Sie Verantwortung für Ihr Handeln übernommen, in welchen nicht?

- Wenn ich für andere Menschen und ihre Rechte gekämpft habe, habe ich die volle Verantwortung für mein Handeln übernommen. Wenn es allerdings um mich ging, habe ich die Verantwortung oft abgegeben, auch wenn mir das Schmerzen und Probleme bereitete (»Wenn der Arzt mir falsche Medizin verschreibt, muss er halt damit klarkommen, wenn ich wegen seiner Schuld Schmerzen habe. Er hätte ja fragen können, ob ich die Medizin vertrage!«). Auch für Sachen, die ich nicht hinkriege, die danebengegangen sind, suche ich für gewöhnlich einen Verantwortlichen, dem ich die Schuld in die Schuhe schieben kann. Ich rede mir so lange ein, dass es nicht meine Schuld ist, bis ich es selbst glaube.
- Habe immer versucht, möglichst wenig Verantwortung zu übernehmen, und habe mir immer »eine Hintertür offen gehalten«, damit man mich nicht »festnageln« konnte.

- Wenn mich zum Beispiel jemand etwas fragte, habe ich meist so geantwortet, dass letztendlich ein klares »Jein« dabei herauskam.
- Ich habe eigentlich immer die Verantwortung für mein Handeln übernommen, selbst wenn ich Mist gebaut hatte! Außer wenn ich ein Problem nicht angehen konnte bzw. keinen Ansprechpartner hatte. Ich habe mich dann in Alkohol und Drogen geflüchtet, bis der Arzt kam!

Impulskontrolle

Mangelnde Impulskontrolle bedeutet, dass die Reaktion und das Handeln spontan erfolgen, also ohne Reflexion und Planung. Das ist oft mit emotionaler Instabilität verbunden. Es findet sich eine erhöhte Bereitschaft, auf Umgebungsreize zu reagieren. Dadurch ist die Abhängigkeit von der gegenwärtigen Situation groß. Mittelfristige und langfristige Ziele geraten aus dem Blick, Absichten können so nicht umgesetzt werden, und zwar mit der Konsequenz, dass das eigene Verhalten negativ und inkonsequent wahrgenommen wird. Erst die Kontrolle von Impulsen schafft also die Voraussetzungen dafür, dass wichtige Veränderungen möglich werden.

Der gelassene Umgang mit einer unzureichenden Impulskontrolle ist aber leichter gesagt als getan. Oft sind die Impulse so drängend, dass alle Gegenwehr erfolglos bleibt. Daher ist mit schnellen Erfolgen nicht zu rechnen.

Weil die Kontrolle der Impulse so schwierig ist, bekommt die Vorbeugung einen zentralen Stellenwert. Dazu dienen Überlegungen, unter welchen Bedingungen schwer zu kontrollierende Impulse auftreten und welche Gedanken und Gefühle dann wirksam sind. Der Abstand kann dazu dienen, alternative Verhaltensweisen in Stress-Situationen zu überlegen und einzuüben. Trotzdem wird es in der ersten Zeit zu weiteren Kontrollverlusten kommen. Um diese Situationen auszuwerten und aus ihnen zu lernen, sollte über die Schuld- und Schamgefühle hinausgedacht werden. Eine nüchterne Betrachtung erlaubt es, sich von Generalisierungen zu verabschieden. Allgemeine Vorhaben wie »Das wird nie wieder geschehen« sind meist nicht hilfreich, weil sie dazu führen können, dass eine genaue Auswertung der Situation unterbleibt. Gelegentlich kann eine Außenperspektive, etwa therapeutisch Tätige, zur Klärung beitragen. Der Verlust der Impulskontrolle hat immer innere und äußere Gründe. Die subjektive Beschreibung der äußeren Situation kann Informationen über die innere Verfassung enthalten.

Insgesamt geht es darum, den Verlust der Impulskontrolle verständlich zu machen. Ungewöhnliche Erklärungen enthalten gelegentlich wichtige Ansätze, um das Verhalten in den richtigen Zusammenhang zu bringen, denn oftmals ist auch den Betroffenen selbst das eigene Verhalten fremd und unverständlich.

Folgendes Beispiel soll dies veranschaulichen.

BEISPIEL ■ Als ich gestern Morgen aufgestanden bin, ging es mir nicht gut. Ich war tierisch gereizt, genervt und innerlich total unruhig. Ich dachte mir, dass ich das schon in den Griff bekäme. Nach dem Fertigkeitstraining ging es mir auch ein klein wenig besser, doch so gegen 11 Uhr 30 war ich auf einmal wieder kurz vorm Durchdrehen. Es gab gar keinen bestimmten Grund dafür! Ich bin auf mein Zimmer gegangen, habe Musik angemacht und versucht mich zu entspannen. Aber das hat irgendwie auch nicht so recht hingehauen. ■ Ich habe überlegt, wie ich mich jetzt ablenken könnte und was mir wohl guttun würde. Ich musste an meine Katzen denken und plötzlich kam der Gedanke abzuhauen. Einfach raus hier, weg von den ganzen Leuten, nach Hause, wo ich mich wohlfühle. Ich überlegte, wie ich das am besten anstellen könnte. In Gedanken ging ich die Bus- und Zugverbindungen nach H. durch. Plötzlich ist mir eingefallen, dass ich nur noch vier Euro in der Tasche hatte. Bei diesem Gedanken fing ich an zu zittern. Mir fiel aber ein, dass mir N. 50 Euro hier lassen wollte, damit ich darauf aufpasse. Ich zitterte immer noch. Ich stand auf, habe mich umgezogen und geschminkt. ■ Meine Gedanken waren nur noch beim Weglaufen. Ich packte Unterwäsche, Schminke und ein frisches Oberteil ein und ging zu N., um zu fragen, ob sie mir 25 Euro leihen würde. Ich sagte ihr, dass ich mal rausmüsse, weil mir auf Station die Decke auf den Kopf fiele. Sie fragte, wo ich denn hin wolle, und ich antwortete: Nach H. Sie lieh mir Geld und ich marschierte zur Bushaltestelle. Ich sah, dass der nächste Bus in Richtung H. erst um 13 Uhr 12 kommen würde. Also noch eine Dreiviertelstunde. ■ Ich ging zur Pommesbude und bestellte mir ein Wasser und dachte nach: Ich fing an, an meinem Vorhaben zu zweifeln, doch ich sagte mir, dass ich das jetzt durchziehen müsse. So ging das dann die ganze Zeit hin und her. Ich musste noch an meinen Papa und Y. (meine ehemals beste Freundin) denken, die Menschen, die ich am meisten liebte. Die, die mich mit meiner Krankheit hier allein gelassen hatten. Als der Bus auf einmal vor mir stand, schoss mir der Gedanke durch den Kopf: »Denk an das Pro und Kontra!« Aber hauptsächlich gingen mir nur Kontra-Sachen durch den Kopf, zum Beispiel: Die schmeißen dich raus, wenn du wieder da bist; Mami wird dich in deiner Wohnung finden; in deinem Zustand wirst du wahrscheinlich zur Flasche greifen; du bekommst Ärger und so weiter. Ein einziges Pro war, dass ich mal abspanne und für mich allein sein könnte. Ich war so in Gedanken, dass ich fast vergessen hätte einzusteigen. Dann stieg ich doch ein, sah mir den vollen Bus an, drehte mich um und stieg wieder aus. ■ Auf dem Weg zum Supermarkt dachte ich mir nur, dass ich eine feige Sau sei. Vor drei Monaten war ich zu blöd, um vor einen Baum zu fahren, jetzt war ich auch schon zu blöd, in einen Bus einzusteigen. Im Supermarkt tat ich mir dann Parfüm auf ein Kärtchen und habe daran gerochen. Wieder musste ich an Fertigkeiten denken. Die ganze Zeit habe ich mir das Kärtchen unter die Nase gehalten und schaute alle Sachen in den Regalen ganz genau an. Ich roch Parfüms, las irgendwelche Inhaltsstoffe oder fühlte Wolle. Dann irgendwann sah ich Rasierklingen, suchte die günstigsten aus und kaufte sie. ■ Danach wollte ich zurückgehen, konnte aber nicht. Ich wollte nachdenken, allein sein, nicht sprechen! Ich bin ganz langsam die Stadt aufwärts gegangen. Bei Woolworth ging das gleiche Spiel wie bei Dixi los. Ebenso beim KSK. Dann wusste ich nicht mehr, wo ich hingehen sollte. Ich ging also weiter geradeaus und später in irgendwelche Gassen. Irgendwann kam ich an der Hauptstraße wieder raus und setzte mich in die Eisdiele. Ich bestellte mir einen Kaffee und schaute in die Tüte, was ich mir überhaupt gekauft hatte. Plötzlich sah ich die Rasierklingen. Ich überlegte, warum ich mir die überhaupt gekauft hatte. Ich wusste es nicht. »Na ja, jetzt ist es zu spät – egal!«, dachte ich mir. ■ Nachdem ich den Kaffee getrunken hatte, beschloss ich, mal zur alten Kirche hochzugehen. Ich wollte sie mir schon lange mal ansehen. Ich bezahlte und ging den Weg genauso langsam zurück, wie ich ihn auf dem Hinweg gegangen war. Ich weiß nicht, was ich auf dem Weg dorthin gedacht habe. Der Weg nach oben war super anstrengend und zog sich ins Unendliche. Oben angekommen musste ich an alte Zeiten denken wegen der Berge. Ich setzte mich auf eine Bank und fing an zu weinen. Musste daran denken, dass ich damals glücklich war. An Y., Papi usw. Mir fiel wieder ein, dass ich am Montag Geburtstag haben würde, und alles wurde noch schlimmer. Ich dachte mir, dass ich, wenn dieser Suizidversuch vor drei Monaten geklappt hätte, diesen Geburtstag nicht mehr erlebt hätte. Das wollte ich eigentlich auch bezwecken, aber ich war zu blöd dazu gewesen. ■ Nach einer Weile ging ich in die Kirche und setzte mich dort auf die Bank. Wieder diese ganzen Gedanken! Ich holte die Rasierklingen raus und wollte mir die Pulsadern aufschneiden, doch da fiel mir ein, dass es bestimmt nicht Gottes Sinn ist, dass ich mich in einer Kirche umbringe. Also ritzte ich ganz normal den Unterarm. Es blutete ziemlich stark, aber mir war das egal. Ich nahm mehr Tempos und wischte mir alles weg. Dann ging ich wieder raus und setzte mich auf die Bank. Ich bewegte mich nach vorne, verschränkte die Arme und wippte hin und her. So habe ich dort gesessen. Sogar die ganze Nacht über. Es fing etwas an zu regnen. Aber das war mir egal. Ich blieb sitzen. Als ich merkte, dass es immer heller wurde, sah ich auf und schaute mir die Gegend an. Ich dachte über meine Vergangenheit und Zukunft nach. ■ Als ich merkte, dass ich ruhiger geworden war, habe ich mich so gegen 19 Uhr auf den Weg zur Station gemacht. Gegen 19 Uhr 30 war ich wieder dort und ging sofort in die Badewanne, weil ich total durchgefroren war. Später habe ich versucht, mit R. darüber zu reden, aber es ging nicht so gut. Ich kann halt besser schreiben als reden. ■ Heute geht es etwas besser. Vor allem nachdem ich das alles niedergeschrieben habe. Gestern ist mein Kopf so richtig frei geworden. Ich habe über so vieles nachgedacht in den zweieinhalb Stunden da oben. Als ich noch in der Stadt unterwegs war, habe ich mich nur auf das konzentriert, was ich gesehen habe. Habe den ganzen Tag eine Fertigkeit nach der anderen angewendet. Wenn man es so betrachtet, hat das auch genutzt, denn hätte ich nicht über das Pro und Kontra nachgedacht, wäre ich entweder ganz abgehauen oder hätte mir die Pulsadern aufgeschnitten. Ich habe gestern beschlossen, dass ich mich mit all dem, was ist, abfinden muss (radikal akzeptieren). Das werde ich jetzt auch weiterhin tun. Irgendwie muss es ja weitergehen und das ist der einzige Weg. ■

Umgang mit Störungen der sozialen Beziehungen

Störungen sozialer Beziehungen zeigen sich bei der Borderline-Erkrankung durch häufige Konflikte und Spannungen sowie durch eine Vielzahl von Beziehungsabbrüchen. Meist sind die Schwierigkeiten mit Störungen der Kommunikation verbunden. Mangelndes Selbstvertrauen, Schwarz-Weiß-Denken und die Überbetonung von Wertungen führen zu Irritationen und zur Ablehnung. Ein wichtiges Ziel bei der Überwindung der Störung ist daher das Erlernen eines angemessenen Kommunikationsstils.

Bei der Vermeidung von Konflikten und dem angemessenen Austragen von Streitigkeiten sind verschiedene Regeln zu beachten. Zunächst sollte bedacht werden, dass die soziale Kompetenz davon abhängig ist, inwieweit der eigene Standpunkt klar bestimmt werden kann, die eigenen Interessen formuliert sind, aber auch die Bedürfnisse der jeweils anderen Berücksichtigung finden. Nur so können die persönlichen Ziele und die Anforderungen an andere Menschen ins Gleichgewicht gebracht werden. Die eigene Selbstachtung ist eine wichtige Voraussetzung dafür, auch dem anderen Achtung entgegenzubringen. Wer sich selbst nicht achtet, wird schnell Neid und Hass empfinden.

Meinungsverschiedenheiten und Auseinandersetzungen sind nicht immer zu vermeiden. Es ist aber darauf zu achten, dass aus einem Konflikt nicht ein chronischer Streit entsteht. Die Lösung eines Konfliktes erfordert Fairness. Sowohl das Beharren auf der eigenen Meinung als auch das allzu schnelle Nachgeben führen nicht weiter. Im Folgenden sind einige Regeln aufgeführt, die bei der Lösung von Konflikten hilfreich sein können:

- Nähe lässt sich nicht erzwingen. Erwarten Sie nicht, dass der Konflikt immer direkt gelöst werden kann. Gelegentlich ist es sinnvoll, eine Pause einzulegen.
- Werden Grenzen überschritten, sollte nicht weiterdiskutiert, sondern zunächst Distanz gesucht werden.
- Feindseligkeit kann ein Ausdruck dafür sein, dass die Erwartungen an den anderen zu hoch sind.
- Vertrauen entsteht aufgrund positiver Erfahrungen. Suchen Sie daher nach Möglichkeiten, den anderen in einem besseren Licht zu sehen.
- Setzen Sie Regeln für die Konfliktlösung fest. Vereinbaren Sie, unter welchen Bedingungen der Konflikt ausgetragen werden soll. Bemühen Sie sich auf jeden Fall, sich an diese Vereinbarung zu halten.
- Denken Sie daran, dass bei starken Emotionen ein Gespräch eventuell nicht möglich ist. Versuchen Sie dann zunächst Ihre Emotionen zu analysieren und zu kontrollieren. Nehmen Sie erst dann das Gespräch wieder auf.
- Versuchen Sie, dem anderen möglichst ohne Vorbehalte zu begegnen, und lassen Sie sich nicht allzu sehr von negativen Erwartungen leiten.

Zwischenmenschliche Fertigkeiten können durchaus geübt werden. Dazu sind Situationen besonders gut geeignet, in denen eine weitgehende Entspannung erreicht ist. Unter dieser Voraussetzung kann ein Übungsprogramm entwickelt werden, wobei die Alltagssituation als Übungsfeld dienen kann. Auch hier ist das Abwägen von Stärken und Schwächen wichtig. Der Ausbau von Stärken kann der Steigerung der Selbstachtung dienen. Mit einer besseren Selbstachtung ist die Fähigkeit, dem anderen zuzuhören, leichter zu entwickeln. Es ist wichtig, aus Konflikten zu lernen, und nicht notwendig, aus allen Konflikten als »Sieger« hervorzugehen.

MERKE **Persönliche Beziehungen muss man auch pflegen, wenn nicht gerade etwas Aufregendes ansteht. Das Zusammensitzen bei Kerzenschein und ruhiger Musik kann eine sehr befriedigende Situation sein. Dazu gehört auch die Entwicklung gemeinsamer Interessen und die Planung entsprechender Aktivitäten.**

Die folgenden Antworten von Betroffenen illustrieren die Erfahrungen mit zwischenmenschlichen Konflikten.

Ablehnung

Was löst eine Ablehnung in Ihnen aus?

- KATASTROPHE! KATASTROPHE! KATASTROPHE! Es lässt mich *natürlich* total kalt und geht mir am Arsch vorbei. Also: Ablehnung von mir wichtigen Leuten löst nur emotionale Katastrophen aus. Versuche heute, damit umzugehen, ist aber eine meiner schwersten Übungen!
- Bei mir löst Ablehnung Brutalität, Gefühllosigkeit, Klammern, Bevormundung, Arroganz, Dummheit aus.
- Trauer, Rückzug, Autoaggression!

- Selbstzweifel, Selbstabwertung, Trotz, Wut.
- Wenn etwas konstruktiv ist, dann sehr erwünscht, aber auf »Anmache« reagiere ich allergisch.
- Wichtig ist es, von wem sie kommt, ansonsten bin ich ziemlich verletzt und ziehe mich von dieser Person zurück.
- Zunächst reagiere ich mit Abwehr und Trotz, manchmal inzwischen mit Verständnis.

Stress und Krisen

Der Begriff »Stress« ist heute geradezu inflationär in den Sprachgebrauch des Alltags übernommen worden. Es findet sich daher kaum noch jemand, der sich nicht in irgendeiner Weise »gestresst« fühlt. Ursprünglich war dieser Begriff aber für eine Form der Fehlanpassung reserviert.

Die Reaktion eines Menschen auf eine Anforderung erfolgt auf verschiedenen Ebenen. Es lässt sich eine gedankliche und eine emotionale Reaktion unterscheiden. Die emotionale Reaktion erfolgt in der Regel spontan und erlaubt eine schnelle Orientierung. Die gedankliche Reaktion wird verzögert sein, erlaubt aber differenzierteres Reagieren. So führt die gedankliche Reaktion zu einer Abnahme von negativen Affekten und zur Erfahrungsbildung. Dieser Vorgang erlaubt es, viele Tätigkeiten des Alltags zu automatisieren. Das Überqueren einer Straße kann daher verhältnismäßig emotionslos erfolgen. Dieser komplexe Vorgang kann aber entgleisen. So kann die gedankliche Bewältigung von Anforderungen ungeeignet sein, unangemessene Gefühle zu unterdrücken.

Möglicherweise vermittelt die gedankliche Bewältigung eine Pseudosicherheit, sodass die emotionale Reaktion auf Anforderungen unbewusst aufrechterhalten bleibt. In einem solchen Fall kann von »Stress« gesprochen werden. Stress entsteht also im Wechselspiel von Anforderungen und Reaktion. Emotionen haben dabei eine wichtige Funktion. Natürlich spielt auch die Art der Anforderungen eine große Rolle, viel stärker aber wird Stress durch die eigene Reaktion ausgelöst und bestimmt.

Menschen mit einer Borderline-Persönlichkeitsstörung sind aufgrund ihrer emotionalen Instabilität anfällig für Stressreaktionen. Die emotionale Instabilität erschwert die Entwicklung geeigneter Reaktionen. Zur Bewältigung von Anforderungen müssen die emotionalen und gedanklichen Reaktionsmuster analysiert werden.

Es gibt zahlreiche Strategien, Stressreaktionen zu vermeiden und zu mindern. Es lassen sich Strategien beschreiben, die an den Gefühlen ansetzen, und solche, die eine andere gedankliche Verarbeitung von Aufgaben ermöglichen sollen. Sicherlich ist es in jedem Falle hilfreich, in Stress-Situationen auf die eigenen Gefühle und Körperempfindungen zu achten. Die Analyse der Gefühle stellt aber nur den ersten Schritt dar. In einem zweiten müssen durch Aktivitäten und durch Ausprobieren Wege gefunden werden, die emotionale Reaktion angemessen zu gestalten. Eventuell erweist sich die Suche nach Unterstützung durch andere als eine hilfreiche Möglichkeit. Dabei ist daran zu denken, dass gelegentlich zur Lösung einer Anforderung Fantasie notwendig ist.

Um besser aus Erfahrungen lernen zu können, hat es sich bewährt, die Reaktionen auf Anforderungen zeitlich auszudehnen, also alles in einer Art Zeitlupe zu erledigen. Auch das Einlegen von Pausen dient diesem Zweck.

Unter Krisen werden Situationen verstanden, in denen ein Hindernis auftaucht, das mit den zur Verfügung stehenden Methoden zur Problemlösung nicht bewältigt werden kann. Die wechselnde Kompetenz bei der Lösung von Problemen sowie die Schwierigkeiten bei der Stressbewältigung können zur Entstehung häufiger Krisensituationen beitragen. Wenn es zusätzlich nicht gelingt, nach der Krise zu einem normalen Niveau zurückzukehren, können länger andauernde Krisensituationen auftreten. Die Aufgaben im Umgang mit Krisen betreffen in diesem Sinne zwei Aspekte: nämlich wie Krisen bewältigt werden können und wie verhindert wird, dass eine dauerhafte Krise entsteht.

Gerade in Krisen kommt der sozialen Unterstützung eine wichtige Funktion zu, etwa zur Sicherung der körperlichen Unversehrtheit. Wenn Krisen häufig auftreten und dadurch wiederholt die Kooperation mit den Helfern misslingt, können auch Feindseligkeit und Ablehnung entstehen, wenn beispielsweise eine häufige Klinikaufnahme im Rahmen einer Krise notwendig wird. Auch professionelle Helfer können im Rahmen einer Krisenintervention an Grenzen kommen und ihre Bereitschaft verlieren, Unterstützung zu leisten. Dieser Gefahr kann mit der Ausarbeitung eines Krisenplans begegnet werden, in dem die Aufgaben und Bedingungen sorgfältig ausgehandelt werden.

Zur Bewältigung von Krisen gelten ähnliche Regeln wie bei der Reduktion von Stress. In Krisensituationen bewähren sich aber auch Strategien, die der Ablenkung dienen. So kann die emotionale Reaktion verändert werden und Raum für alternative Bewältigungsformen entsteht. Ebenso können Techniken zur Entspannung eingesetzt werden. Als Regeln für die Krisenbewältigung können darüber hinaus gelten:

- Schaffen Sie sich zeitlichen Spielraum.
- Klären Sie den »Auftrag«, der aus der Situation für Sie entsteht.
- Delegieren Sie Aufgaben, die von anderen erledigt werden müssen.
- Denken Sie weniger über Probleme als über Lösungen nach.
- Bevorzugen Sie direkte und aktive Lösungen.
- Beseitigen Sie Kommunikationshindernisse.
- Suchen Sie sich Verbündete und Helfer.
- Achten Sie auf Gedanken und Gefühle und auf deren Zweckmäßigkeit.
- Werten Sie die Erfahrungen bei Krisen jeweils sorgfältig aus, denken Sie an das Pro und Kontra.

Ein wichtiger Aspekt der Krisenbewältigung sind Anstrengungen, um die Chronifizierung der Krise zu vermeiden. Dabei ist es hilfreich, die Risiken zu beachten, die einer Chronifizierung den Weg bahnen. Zunächst kennzeichnet eine chronische Krise, dass der Betroffene eine zunehmende Passivität und Hilflosigkeit entwickelt hat. Es ist zu einem Verlust an Selbsthilfemöglichkeiten gekommen. Die Bewältigung der Probleme wird zunehmend an andere delegiert. Der Verlust des Vertrauens an die eigene Funktionstüchtigkeit ist die Folge. Jetzt ist die Gefahr groß, dass eine Art Schonverhalten entsteht. Es kommt dann zu einem Verlust an Trainingsmöglichkeiten. Aber auch die Fähigkeit, sich zu entspannen und angenehme Aktivitäten zu unternehmen, wird verlernt. Alles wird von der Krise bestimmt, sogar die sozialen Beziehungen. Die Entwicklung einer zunehmenden Abhängigkeit von anderen kann dann oft nicht mehr vermieden werden.

Der Ausweg aus einer chronischen Krise kann als der umgekehrte Weg beschrieben werden. Zunächst sind Aktivitäten nötig, das Vertrauen in die eigene körperliche, seelische und soziale »Funktionsfähigkeit« wiederzuerlangen. Jetzt muss das Schon- und Vermeidungsverhalten abgebaut werden. Dazu ist es notwendig, dass der Umgang mit Gefühlen und kritischen sozialen Situationen überdacht wird. Auch die Fähigkeit, angenehme Aktivitäten durchzuführen und sich zu entspannen, muss wieder möglich werden. Der kritische Umgang mit Hilfe und die Stärkung der Selbsthilfekräfte schließen diesen Prozess ab. Ist die chronische Krise überwunden, sind Gedanken angebracht, wie in Zukunft eine Wiederholung vermieden werden kann.

Die folgenden Antworten von Betroffenen zeigen anschaulich, wie sich Krisen äußern können und welche Formen der Reaktion vorkommen.

Zeiten der Krise

Was haben Sie für Gefühle und Gedanken bzw. Verhaltensmuster in einer andauernden Krise?

- Waren Sie schon mal auf dem Oktoberfest? Wenn ja, nehmen Sie alle Gefühle der Anwesenden und versuchen Sie, diese alle zur selben Zeit bei sich zu spüren, multiplizieren das mit hundert und dann sind Sie nahe dran an dem, was in mir vorgeht. Alles: Angst, Prügel, Liebe, Hoffnung, Aggressivität, Hass, Wut, eiskalte Ablehnung, Zärtlichkeit, Ekel ... ach, eine endlose Liste, alles im kurzen Wechsel, nicht kontrollierbar und einfach nur chaotisch ... katastrophal!
- Bei mir ist es ein schwieriges Verhaltensmuster ... nicht nachvollziehbar. Versuche *alles*, um nicht noch tiefer zu stürzen, und kann es doch nicht aufhalten.

- Ich habe Gedanken vom Größenwahn bis zur absoluten Abwertung, einfach alles. Und dazwischen Schwindel erregende philosophische, theologische, psychologische, soziologische und politische Betrachtungen.
- Hoffnungslosigkeit, lebensmüde Gedanken, Rückzugstendenzen, aber auch Kampfgeist, es kommt darauf an.
- Selbstverletzung, Flucht, Einsperren ... Gehe nicht raus, blocke alles, was von anderen kommt, ab. Versinke in mich selbst, rede nicht mehr, verweigere das Essen, schneide meine Arme auf.
- Vermehrte Ängste, Perspektivlosigkeit, Selbstzweifel, Selbstvorwürfe, Selbsthass, Autoaggressionen.
- Mein Leben ist unnütz, denke ich dann, ich will so nicht mehr leben, Traurigkeit, Lethargie, Suizidgedanken, Abschotten von anderen, Gereiztheit, schlimmstenfalls Tabletten kaufen und einnehmen in hoher Dosis, Hilfe bei meinem Psychiater suchen, Einweisung in die Psychiatrie.

Reaktionsformen

Wie reagieren Sie auf Krisen?

- Wenn ich betrunken bin, überreagiere ich; wenn ich bekifft bin, will ich nur noch ins Bett; wenn ich nüchtern bin, will ich kuscheln; und wenn mir was Doofes passiert ist, dann will ich das Blut der anderen fließen sehen. Aber ich weiß, dass die unschuldig sind, und so fließt mein eigenes.
- Ich reagiere mit Selbstvorwürfen und bin verzweifelt.
- Schneiden ist zwanghaft, gibt Befriedigung, weil der Schmerz ganz tief unten sitzt und mir das Atmen nimmt.
- Bisher habe ich immer dafür gesorgt, dass mir in letzter Minute noch geholfen wurde, indem ich eine Klinik aufsuchte.

Wie würden Sie lieber reagieren?

- Am besten wäre es, wenn ich ins Bett gehen könnte und von meiner Freundin (die ich leider nicht habe) in den Arm genommen und beruhigt würde – weiß selbst, dass das infantil ist! –, danach und einfach nur schlafen, früh mit ihr aufwachen und Frühstück machen und sagen: »Mann, hatte ich einen blöden Traum«, und mit ihr glücklich sein.
- Sport, Sport, Sport und Rückzug. Und schlafen, schlafen, schlafen.
- Etwas weniger emotional, eher sachlich reagieren.
- Ruhiger, rationaler, einfach akzeptieren, was war, und neu anfangen.
- Keine Überdosis schlucken.

Wie versuchen Sie bei extremem Leidensdruck ein Problem zu lösen?

- Schreiben, schreiben, schreiben, saufen, saufen, saufen, reden, reden, reden und mit anderen darüber sprechen, über »Fluchtwege« nachdenken. Suizidalität, aber auch aktiv nach Veränderungen suchen.
- Schneiden, schreiben, Putzwahn.
- Ich versuche mir Hilfe zu holen oder das Problem zunächst selbst zu lösen.

Begleiterkrankungen der Borderline-Störung

Im Zusammenhang mit der Borderline-Störung treten zahlreiche andere psychische Störungen auf. Die Symptome können eine zusätzliche Erkrankung (in der Fachsprache: komorbide Störung) oder eine Folge der Borderline-Störung sein. Borderline-Kranke sind dabei vor allem für jene psychischen Erkrankungen anfällig, bei denen Gefühle eine wichtige Rolle spielen. So ist es nicht verwunderlich, dass sie häufiger an depressiven Störungen und Angstsymptomen leiden. Eine weitere Anfälligkeit besteht für Erkrankungen, bei denen die Impulskontrolle bedeutsam ist. Dazu gehören sicherlich die Gruppe der Ess-Störungen, aber auch der Missbrauch und die Abhängigkeit von Substanzen (Drogen, Medikamente etc.).

Eine Sonderstellung bei den Begleiterkrankungen nimmt die Posttraumatische Belastungsstörung (PTBS) ein, weil Borderline-Kranke häufig in ihrer Entwicklung Vernachlässigung, Gewalt und sexuellem Missbrauch ausgesetzt waren.

Posttraumatische Belastungsstörung ▶ Die PTBS tritt ein, wenn Lebenssituationen als so schrecklich erlebt werden, dass man von »Traumatisierungen« sprechen kann. Diese Störungen können zwar unmittelbar zum Ausdruck kommen (etwa nach einem Todesfall), oft aber werden sie erst nach einiger Zeit, manchmal erst nach Jahren sichtbar, auch für den Betroffenen selbst. Solche Belastungen übersteigen dann die persönlichen Bewältigungsweisen und bedürfen häufig therapeutischer Begleitung, bei der dann gemeinsam neue Bewältigungsformen entwickelt werden.

Ess-Störungen

Ess-Störungen unterscheiden sich nach der Art des Essverhaltens. Bei der »Anorexie« steht das Hungern, also eine aktive Form der Essensverweigerung im Vordergrund. Die ständige Beschäftigung mit dem Essen und die quälende Angst vor der Gewichtszunahme gehören dazu. Die »Bulimie« hingegen ist vor allem durch sogenannte »Fress-Attacken« gekennzeichnet. Während einer Attacke werden große Mengen an Nahrungsmitteln verschlungen und häufig danach erbrochen. Ist das Erleben im Rahmen der Anorexie von einer Form der Askese geprägt, entstehen bei der Bulimie Schuld- und Schamgefühle. Wird die bei einer Attacke aufgenommene Nahrung nicht erbrochen, entsteht Übergewicht (»Binge-Eating-Störung«). Abgesehen von den gesundheitlichen Risiken des Übergewichts lassen sich verschiedene negative Folgen für das Selbstwertgefühl beschreiben.

Binge-Eating-Störung ▶ Bei dieser Ess-Störung haben die Betroffenen plötzliche Essattacken, obwohl sie sonst ihr Essen genau kontrollieren. Dies wird geradezu als »Fressanfälle« wahrgenommen.

Die Schwierigkeiten mit der Impulskontrolle verbindet die Bulimie mit der Borderline-Störung, sodass diese Kombination sicherlich zu den häufigsten gehört. Die Probleme beider Störungen ergänzen und verstärken sich noch gegenseitig.

Ähnlich wie bei anderen seelischen Erkrankungen führen Ess-Störungen dazu, dass sich die Aufmerksamkeit zunehmend auf die Symptome richtet. Dabei geht mit der Zeit das natürliche Gefühl für Hunger und Sättigung verloren und es kommt aufgrund der unausgewogenen Ernährung zu negativen gesundheitlichen Folgen. Entscheidend aber ist, dass auch die Essgewohnheiten durcheinandergeraten, etwa die regelmäßige Ernährung und die Rituale, die üblicherweise um die Ernährung herum entwickelt werden.

Der Umgang mit Ess-Störungen folgt zunächst den allgemeinen Regeln für Veränderungen, die für die Borderline-Störung insgesamt gelten. Zusätzlich ist der Aufbau eines natürlichen Essverhaltens notwendig, wobei man sich am Anfang nicht auf ein natürliches Hunger- oder Sättigungsgefühl verlassen kann. Also ist die Planung der Nahrungsaufnahme sinnvoll, etwa im Rahmen von Essensplänen, um sich wieder natürliche Essgewohnheiten anzueignen. Diese Essgewohnheiten müssen neu trainiert werden. Erst nach einer gewissen Zeit normalisiert sich das Essverhalten wieder. Das Training kann nur dann gelingen, wenn ein vorher ausgearbeitetes Regelwerk eingehalten wird. Für die Bulimie beispielsweise könnte ein solches Regelwerk wie folgt aussehen:

1. Nehmen Sie sich Zeit und planen Sie die Schritte genau.
2. Halten Sie Ihre Erfahrungen fest.
3. Essen Sie möglichst in Gemeinschaft.
4. Halten Sie sich an feste Essenszeiten.
5. Beschränken Sie Ihren Vorrat an Nahrungsmitteln.
6. Planen Sie Ihre Aktivitäten und achten Sie auf Zeiten, in denen Sie nichts zu tun haben.
7. Denken Sie über Bedingungen nach, unter denen eine Ess-Attacke wahrscheinlich ist.
8. Halten Sie sich von der Küche fern.
9. Bevor Sie über Ihr Gewicht nachdenken, versuchen Sie erst, Ihre Essgewohnheiten zu normalisieren.

Gerade beim Umgang mit Ess-Störungen bewähren sich Selbsthilfegruppen. Sie stellen eine hilfreiche Ergänzung der eigenen Anstrengungen dar. Hier ist Erfahrungsaustausch möglich und vor allem lässt sich über die Probleme reden, ohne dass Scham- und Schuldgefühle das Gespräch beeinflussen.

Drogen und Alkohol

BEISPIEL Cannabiskonsum akzeptiert inzwischen so ziemlich jeder, bin mir auch gar nicht so sicher, ob das wirklich so selbstschädigend ist. Jedenfalls ist, seit ich kiffe, mein Alkoholkonsum minimal und der war richtig schlimm: Filmrisse, Aggressionen, die zur Zerstörung von Gegenständen führen, und richtig suizidale Aktionen sind unter Alkoholeinfluss vorprogrammiert. Unter THC aber kann ich reden, auch über mich. Bin körperlich ruhiger, kann lachen, Selbstironie entwickeln, neue Rollen und Perspektiven entwickeln und sogar weinen … ■

Auf die Problematik von Drogen- und Alkoholkonsum ist in diesem Ratgeber schon mehrfach hingewiesen worden. Viele Menschen mit Borderline-Störungen haben derartige Erfahrungen, die sich zudem sehr ähneln. Zunächst wird der Alkohol- und Drogenkonsum als Hilfe wahrgenommen, um Spannungen abzubauen und inneres Wohlbefinden zu steigern. Nach einiger Zeit aber wird der Konsum selbst zu einem Problem. Im schlimmsten Fall kommt es zur Abhängigkeit. Eine positive Veränderung ist damit gekoppelt an die Erkenntnis, den Drogen- und Alkoholkonsum zu problematisieren. Auch wenn sich Gründe finden, die dafür sprechen, den Konsum fortzuführen, sollte die Frage gestellt werden, auf was wirklich verzichtet werden muss, wenn der Konsum beendet wird.

Die Beendigung ist verbunden mit einer allgemeinen Lebensveränderung. Oft haben Drogen und Alkohol einen festen Platz in der Tagesstruktur. Zunächst ist aber die Motivation zu prüfen. Oft wird die negative Auswirkung des Konsums unterschätzt und Risiken geleugnet. Das nüchterne Abwägen von Pro und Kontra erhöht in der Regel die Motivation, den Konsum zumindest einzuschränken. Eine höhere Selbst-Aufmerksamkeit macht zudem deutlich, wie sehr die Gedanken an den Konsum im Alltag Einzug gehalten haben. Die Erfahrung ist, dass diese Reflexion die Entscheidung bahnt, das Verhalten zu verändern.

Am Anfang sind Überlegungen notwendig, wie Konsumreizen begegnet werden kann. Bei Drogenkonsum sind es häufig Freunde, die zur Fortführung einladen. Alkohol spielt in vielen sozialen Situationen eine Rolle und die Ablehnung des Konsums kann zu einer sozialen Ausgrenzung führen. Der Entschluss, den Konsum einzuschränken oder zu beenden, erhöht die Aufmerksamkeit für Situationen, die bislang mit dem Konsum verbunden waren. Für deren Bewältigung müssen Verhaltensweisen überlegt und trainiert werden.

Ist das Verhalten verändert und sind die Veränderungen stabil, wird die Frage aktuell, wie diese Veränderungen stabilisiert werden können. Es ist sinnvoll, sich immer wieder die negativen Folgen des Konsums vor Augen zu führen. Auch der Gewinn an Lebensqualität und das Mehr an Genuss sollten immer wieder erinnert werden. Bei der Beschäftigung mit Alkohol- und Drogenkonsum kann die Erkenntnis reifen, dass mittlerweile eine Abhängigkeit vorliegt. Eine Abhängigkeitserkrankung ist oft nur durch Abstinenz zu stoppen. Dabei fällt die Selbstdiagnose nicht leicht. Sobald der Verdacht entstanden ist, sollte auf professionelle Hilfe zurückgegriffen werden. Hinweise auf das Vorliegen einer Abhängigkeitserkrankung liefern Selbsteinschätzungsbögen wie der Münchner Alkoholismus-Test (Tabelle).

Statements zum Alkohol

1. In der letzten Zeit leide ich häufiger an Zittern der Hände.
2. Ich hatte zeitweilig, besonders morgens, ein Würgegefühl oder Brechreiz.
3. Ich habe schon einmal versucht, Zittern oder morgendlichen Brechreiz mit Alkohol zu kurieren.

4. Zur Zeit fühle ich mich verbittert wegen meiner Probleme und Schwierigkeiten.
5. Es kommt nicht selten vor, dass ich vor dem Mittagessen bzw. zweiten Frühstück Alkohol trinke.
6. Nach den ersten Gläsern Alkohol habe ich ein unwiderstehliches Verlangen weiterzutrinken.
7. Ich denke häufig an Alkohol.
8. Ich habe manchmal auch dann Alkohol getrunken, wenn es mir vom Arzt verboten wurde.
9. In Zeiten erhöhten Alkoholkonsums habe ich weniger gegessen.
10. An der Arbeitsstelle hat man mir schon einmal Vorhaltungen wegen meines Alkoholtrinkens gemacht.
11. Ich trinke Alkohol lieber, wenn ich allein bin.
12. Seitdem ich mehr Alkohol trinke, bin ich weniger tüchtig.
13. Ich habe nach dem Trinken von Alkohol schon öfter Gewissensbisse (Schuldgefühle) gehabt.
14. Ich habe ein Trinksystem versucht (z. B. nicht vor bestimmten Zeiten zu trinken).
15. Ich glaube, ich sollte mein Trinken einschränken.
16. Ohne Alkohol hätte ich nicht so viele Probleme.
17. Bin ich aufgeregt, trinke ich Alkohol, um mich zu beruhigen.
18. Einmal möchte ich aufhören mit dem Trinken, dann wieder nicht.
19. Andere Leute können nicht verstehen, warum ich trinke.
20. Wenn ich nicht trinken würde, käme ich mit meinem Partner besser zurecht.
21. Ich habe schon versucht, zeitweilig ohne Alkohol zu leben.
22. Wenn ich nicht trinken würde, wäre ich mit mir zufrieden.
23. Man hat mich schon wiederholt auf meine »Alkoholfahne« angesprochen.

Bei den Überlegungen zur Abhängigkeit sollte man nicht vergessen, dass die Borderline-Störung eine von vielen möglichen Begleitern dieser Erkrankung ist. Die Abhängigkeit führt in ihrem weiteren Verlauf außerdem zu Symptomen, die denen der Borderline-Störung ähneln, etwa unkontrollierte Wutausbrüche und Gewalttätigkeit. Aber noch aus einer anderen Richtung sind die Betroffenen von Borderline-Störungen mit Abhängigkeit konfrontiert, wenn es nämlich einer der beiden Elternteile oder der Partner ist, der an dieser Erkrankung leidet. So ergeben sich aus der Entwicklung viele Möglichkeiten des Modell-Lernens, aber auch teilweise recht traumatische Erinnerungen an Situationen mit (elterlichem) Alkoholkonsum.

Traumata

Bereits mehrfach habe ich erwähnt, dass sich bei Menschen mit einer Borderline-Störung zu einem sehr hohen Prozentsatz Traumata in der biografischen Entwicklung finden. Traumata sind Ereignisse, die außergewöhnlich belastend sind und das Bewältigungsvermögen des Betroffenen bei weitem übersteigen. Meistens löst das Trauma ein ausgedehntes Gefühl der Hilflosigkeit aus. Dabei sind nicht nur die Heftigkeit, mit der das Ereignis verletzend wirkt, und die Dauerhaftigkeit der Schädigung für die Art des Traumas entscheidend, sondern auch der Entwicklungsstand, die Stärke des Betroffenen und die Form der sozialen Unterstützung. So kann etwa bei sexuellem Missbrauch nicht nur der sexuelle Übergriff selbst traumatisierend sein, sondern auch, dass wichtige Bezugspersonen den Übergriff übersehen (oder übersehen wollen) und keinen ausreichenden Schutz gewähren.

Traumata werden gelegentlich im Laufe der weiteren Entwicklung vergessen bzw. verdrängt, sodass mögliche Folgesymptome nicht mehr direkt auf das Trauma zurückgeführt werden können. Ein Merkmal der Traumatisierung ist ohnehin, dass die Erinnerung im bewussten (expliziten) Gedächtnis lückenhaft, die Erinnerung im unbewussten (impliziten) Gedächtnis hingegen umso lebendiger ist. Eine ständige Wiedererinnerung (englisch: »flashback«) im Rahmen des unbewussten Gedächtnisses kann so etwa bei einer sexuellen Traumatisierung zu Störungen in der Sexualität führen (z. B. Angst vor Nähe).

Bei Menschen mit einer Borderline-Störung sind es häufig Gewalterfahrungen, die traumatisierend waren. Dabei kann es sich um körperliche, aber auch psychische oder sexuelle Gewalterfahrung handeln. In der Regel ging die Gewalt von Menschen (oder besser: Erwachsenen) aus, zu denen auch ein Vertrauensverhältnis bestand. Das führt zu einem emotionalen Dilemma, weil ein positives und ein negatives Gefühl eng aneinander gekoppelt werden. Einige versuchen diesem Dilemma auszuweichen, indem sie die Verantwortung für das Geschehen selbst übernehmen. So wird das Opfer zum Täter. Auf jeden Fall resultiert aus dieser Erfahrung eine dauerhafte Angst vor Nähe und ein Misstrauen gegenüber jenen Personen, denen man sich emotional besonders verbunden fühlt. Die Übernahme der Verantwortung ist zudem Antriebsfeder für die Entwicklung teilweise ausgeprägten Selbsthasses, der für viele lebensbestimmend wird.

BEISPIEL ■ Am 18. September 1979 hat mich meine leibliche Mutter zur Welt gebracht. Mein leiblicher Vater starb 1984 im Alter von 24 Jahren an Blasenkrebs, wobei nicht genau feststeht, ob er überhaupt mein Erzeuger war. ■ Ich bin drei Jahre bei dieser Familie gewesen und habe noch zwei Geschwister. ■ Im Oktober 1982 wurden wir unseren Erzeugern weggenommen, da mein Vater ein Alkoholiker war und meine Mutter angeblich Prostituierte. Es soll nie Geld für Essen, Windeln o.Ä. da gewesen sein. Mein Bruder hatte im Alter von zwei Jahren kein einziges Haar auf dem Hinterkopf, da er den ganzen Tag nur gelegen haben soll. Unsere Schwester ist die Jüngste und sie war gerade mal 13 Monate, als wir adoptiert wurden. Ich war mit meinen drei Jahren die Älteste. ■ Zuerst sind wir drei Kinder für fünf Tage zu der Familie P. gekommen, da sie sich überlegen wollten, ob sie uns alle drei nehmen oder nur das jüngste, also Nadine, weil ihnen drei Kinder auf einmal zu viel waren. (Nadine ist dann auch in ein sehr liebes Elternhaus gekommen, wo sie heute noch ist!) ■ Als ich ca. fünf Jahre alt war, begann meine Mutter zu sagen, dass ich ein Scheiß-Adoptivblag sei und ich zusehen sollte, dass ich endlich unters Auto käme oder besser wäre noch unter einen Lkw! Sie meinte, ich wäre ein Stück Scheiße und man hätte mich am besten da gelassen, wo ich hergekommen wäre. »Aus Scheiße kann man ja schließlich kein Gold machen«, sagte sie immer. ■ Da fing der ganze Horror erst richtig an. ■ Einmal kämmte meine Mutter mir die Haare, und als ich »Aua« sagte, hat sie mir mit der Bürste so einen drübergezogen, dass meine ganze Hand blutig war. ■ Zunehmend wurde ich richtig verprügelt! Einmal hat sie mir so heftig eine gedonnert, dass ich Nasenbluten hatte und fast zusammengebrochen wäre, weil das Blut wie Wasser lief! Sie hat sich daran nicht gestört und ich musste das ganze Blut selbst wegmachen. So ging das bis zu meinem 12. Lebensjahr weiter. ■ Mit 12 Jahren habe ich das erste Mal meine Periode bekommen und von dem Tag an unterstellte sie mir, dass ich ein Verhältnis mit meinem Papa haben sollte (was natürlich nicht so war!). Da kamen Ausdrücke wie ficken, bumsen, vögeln usw. rüber. ■ Früher saß ich sehr oft in meinem Zimmer auf der Fensterbank und habe gebetet: »Lieber Gott, bitte lass das nächste Auto, das um die Ecke kommt, das von meinem Papi sein, bitte, lieber Gott, bitte!« Stundenlang habe ich dort gesessen und gebetet und geweint. Aus Angst habe ich meinen Schreibtisch vor die Tür gestellt, weil ich nicht wollte, dass sie reinkommen konnte. Ich habe das immer gemacht, wenn sie mal wieder durchgedreht ist, was fast täglich war! Auch ungefähr in diesem Alter habe ich angefangen zu ritzen. Oder ich habe so lange mit einem Geldstück auf meinem Arm gerubbelt, bis alles blutig war. Das Gleiche habe ich mit einem Handtuch im Gesicht gemacht. Ich habe dann immer gesagt, dass ich hingefallen sei. ■ Mit 14 Jahren war ich das erste Mal richtig besoffen. Im September 1995 hat meine Mutter mich mal wieder so verprügelt, dass sie in die Psychiatrie gekommen ist, wo sie sechs Monate blieb. Da zu dem Zeitpunkt meine Eltern schon getrennt waren und mein Papa auch schon eine neue Freundin hatte, waren mein Bruder Klaus und ich die meiste Zeit allein. Wir haben alles Verbotene gemacht, wie zum Beispiel geraucht, getrunken, Drogen genommen usw. Es war ja niemand da, der sich um uns gekümmert hat. ■ Ein Jahr später mussten wir unser Haus verkaufen. Ich bin mit Papa mitgegangen und Klaus mit unserer Mutter – ihm wurde ja nie etwas getan. ■ Papi und ich sind also zusammengezogen und kurze Zeit später habe ich meinen damaligen Freund Michael kennengelernt. Alles lief super. Ich habe meinen Hauptschulabschluss nachgemacht und später gutes Geld verdient. ■ Mir ging es zwei Jahre so gut wie nie zuvor, bis Papi fragte, ob ich was dagegen hätte, dass er mit seiner Freundin zusammenzieht. Da ich wollte, dass er glücklich ist, stimmte ich zu. Aber ich fiel ins schwarze Loch und bin abgesackt: Drogen, Alkohol. ■ Anfang 1999 wollte ich ausziehen, weil alle auf Familie machten und ich irgendwie nicht dazugehörte. ■ Vier Monate später bin ich dann in meine eigene Wohnung gezogen und alles wurde nur noch schlimmer. Ich bekam Depressionen und ließ meine ganze Wut an Michael aus. Auch mit den Drogen und dem Alkohol wurde es immer schlimmer. ■ Michael und ich haben uns schließlich nach drei Jahren getrennt. Ich kam damit nicht klar, also trank ich noch mehr. ■ Meine Depressionen wurden immer schlimmer, sodass ich meinen ersten Suizidversuch unternahm. Danach fing ich an mit verschiedenen Männern zu schlafen, sodass es später fast jede Woche ein anderer war. Ich fing an mich vor mir selbst zu ekeln und wollte von einer Brücke springen, was ich mich aber nicht traute. Mein Ruf war derartig zerstört, dass ich damit nicht klargekommen bin. Vor allem hatte ich jede Menge Schulden am Hals. ■ Nach meinem letzten Selbstmordversuch bin ich in die Klinik gekommen. ■

Das emotionale Erleben bei der Traumatisierung stellt eine Mischung aus Verletzung, Hilflosigkeit, Vertrauensbruch und Wut dar. Diese Mischung von Emotionen tritt im Laufe der Entwicklung immer dann auf, wenn an das Trauma erinnert wird, ohne dass unbedingt eine direkte Verbindung erkennbar ist. Manchmal sind die Gefühle im Zusammenhang mit der Traumatisierung so intensiv, dass die Gefühlswahrnehmung abgeschaltet wird. Die sogenannte Dissoziation (Tagtraum) entsteht so als Schutz vor sonst übermächtigen Gefühlen.

Um die Traumatisierung zu überwinden, suchen einige Betroffene immer wieder Situationen auf, die der Ursprungssituation ähnlich sind. Dabei besteht die Hoffnung, bei der Wiederholung eine bessere Lösung zu erreichen, was aber in der Regel nicht gelingt.

Die Bedeutung von Traumata ist in den letzten Jahrzehnten zunehmend erkannt und auch in der Fachöffentlichkeit gewürdigt worden. Zunächst wurde von vielen die Auffassung vertreten, dass allein die Thematisierung des Traumas eine Art Erlösung von den Folgen ermöglichen könne. Vielfach wurde sogar versucht, wenn keine Erinnerung an ein Trauma bestand, das Trauma nachträglich »aufzudecken«.

All diese Versuche führten aber auch dazu, dass durch die Erinnerung neue Traumatisierungen erzeugt wurden (»Retraumatisierung«), denn bei jeder Erinnerung werden auch die Emotionen wieder wach, die mit dem Trauma verbunden sind. Aus diesem Grund sollte das Trauma nicht »mit aller Gewalt« zum Thema gemacht werden und auch nur dann, wenn eine ausreichend vertrauensvolle Beziehung zum Therapeuten besteht. Außerdem sollte auf das Erlernen von Schutzverhalten (Stabilisierungsübungen) geachtet werden. Die Thematisierung sollte möglichst konkreten Zielen folgen: etwa das Brechen des Schweigens und der Versuch, die »wiederholende Erinnerung« an das Erlebte zu beenden. Dies kann durch den Abgleich von unbewusster und bewusster Erinnerung geschehen.

Zunächst geht es darum, das Erlebte zu akzeptieren. Vergangenheit ist nicht veränderbar, das Trauma kann also nicht ungeschehen gemacht werden. Aber es kann daran gearbeitet werden, dass die Vergangenheit nicht allzu negativ die Gegenwart beeinflusst. Hilfreich können dabei Überlegungen sein, was alles schon geschafft worden ist, um die Selbstachtung wiederzugewinnen. Vielleicht kann es hilfreich sein, wenn man sich zugesteht, dass die Verarbeitung des Erlebten auch wirklich nicht einfach ist.

Es hat keinen Sinn, Täter und Opfer zu verwechseln, auch wenn die Versuchung noch so groß sein mag. Diese Tendenz, damit eine Sache »unter den Tisch« zu kehren, kann durch die

Familie noch unterstützt werden, vor allem dann, wenn der Täter aus der Familie selbst stammt. So werden häufig die Täter sehr viel mehr geschützt als die Opfer. Es geht zunächst einmal darum, die Dinge geradezurücken. Nur so können die Traumatisierungsfolgen erkannt und über Wiedergutmachung nachgedacht werden. Wie im nächsten Beispiel:

BEISPIEL ■ Nach meiner Vergewaltigung war bei mir zunächst alles wie abgestorben. Ich habe mit 28, also erst lange Zeit danach, zum ersten Mal und seither lediglich zwei Mal erlebt, dass ich genügend Vertrauen zu einem Mann aufbauen konnte, um mit ihm zu schlafen, also Sex als etwas Schönes erleben zu lernen. Das ist ein super Ziel. Körperkontakt zu erlernen ist ein super Ziel, braucht aber noch viel Zeit. ■

In Familien, in denen Traumatisierungen vorkommen, findet sich häufig eine Tendenz, Übergriffe und ähnliche Risiken zu ignorieren. Mit dieser Verleugnung wird oft die Familie vor dem Zusammenbruch geschützt. Diese Tendenz zur Verleugnung kann sich bei dem Betroffenen ebenfalls festsetzen, sodass die Zuordnung der Folgen nur schwer gelingt. Aber wie in der Familie, so steht die Verleugnung als Umgangsform auch bei dem Betroffenen auf schwankendem Boden. Viel sinnvoller erscheint eine bewusste Reflexion dessen, wie die Gegenwart von der Bewältigung des Traumas bestimmt werden soll. Ein ähnliches Problem entsteht in der Tatsache, dass der Täter zugleich auch Vertrauter ist. Dieser Konflikt soll an einem Beispiel deutlich gemacht werden:

BEISPIEL ■ Frau B. kommt mit einer Angstsymptomatik in die Klinik. Sie ist glücklich verheiratet, der Sohn wird nun erwachsen und sie ist beruflich erfolgreich. Nach einiger Zeit berichtet sie von einem Konflikt mit dem Vater. Dieser, mittlerweile pflegebedürftig, möchte gern zu ihr ziehen. Sie hat dies abgelehnt, entwickelte aber danach ein schlechtes Gewissen, weil sie sich ihm gegenüber verantwortlich fühlt. Sie bleibt in diesem Zwiespalt stecken. Während des Aufenthaltes unternimmt sie mehrere recht ernste Suizidversuche. Eher beiläufig erzählt sie ihrem Therapeuten, dass der eigentliche Grund für die Ablehnung sei, dass ihr Vater sie seit frühester Kindheit sexuell missbraucht habe und sie sich vor der Vorstellung ekle, den Vater im Rahmen der Pflege anfassen zu müssen. Als der Therapeut ihr signalisiert, dass unter diesen Umständen ihre Ablehnung doch mehr als verständlich sei, wirkt Frau B. sehr entlastet. ■

Persönlichkeitsstörungen haben immer eine Vorgeschichte, die Auffälligkeiten entwickeln sich langsam und erst die Reaktionen der Umgebung führen dazu, dass sich die Symptome verfestigen. Wenn der Leidenscharakter offensichtlich wird, hat die Störung bereits eine lange Geschichte. Die Notwendigkeit einer Therapie drängt sich zwar nicht schon zu Beginn auf, wird aber doch nach und nach immer offensichtlicher. Welcher ist der richtige Zeitpunkt für den Start einer Psychotherapie?

Abgesehen von der sogenannten Krankheitseinsicht (»Compliance«), die ja etwas mit der Akzeptanz des Krankheitscharakters der Störung zu tun hat, drängt sich bei Persönlichkeitsstörungen ganz besonders die Frage auf, für ... oder besser gesagt: gegen was die Therapie helfen soll. Dabei ist es nicht sicher, dass eine Therapie auf jeden Fall hilft oder dass die Störung ganz zu beseitigen wäre. Vielmehr reiht sich die Psychotherapie ein in das Konzert der Aktivitäten, das eigene Leben in den Griff zu bekommen und dem Leben einen (neuen) Sinn zu geben.

Gerade die Psychotherapie der Persönlichkeitsstörungen galt lange Zeit als besonders schwieriges Feld. Ursprünglich wurde sogar von der Unveränderbarkeit der Persönlichkeitsstörungen ausgegangen (Psychopathie). Später hielt man diese Störungen für ein Resultat einer langen und verfehlten Entwicklungsgeschichte (Charakterneurose). Entsprechend langwierig und schwierig erschien aus dieser Perspektive die Beeinflussung der Störung. Unter diesen Voraussetzungen fiel es schwer, den eigentlich notwendigen therapeutischen Optimismus zu entwickeln. Ein Teil der Schwierigkeiten resultierte auch daraus, dass Persönlichkeitsstörungen mit therapeutischen Methoden angegangen wurden, die eigentlich für andere Krankheiten entwickelt worden waren. Die Folge waren Unvereinbarkeiten und damit viele Misserfolge.

Allerdings hat die Beschäftigung mit den Persönlichkeitsstörungen die Psychotherapie wegen dieser beschriebenen Schwierigkeiten bereichert und Entwicklungen angestoßen, sodass sich inzwischen erste spezialisierte Modelle finden, die die Behandlung dieser Störungen zum Inhalt haben. Aus den Eigenarten von Persönlichkeitsstörungen lassen sich die Voraussetzungen herleiten, die solchen Modellen zugrunde liegen müssen:

- Die Behandlung muss ganz besonders die Lebensgeschichte der Betroffenen berücksichtigen und von den existierenden Ressourcen ausgehen. Die Therapie muss daher variabel auf den Patienten abgestimmt werden.
- Die Elemente Disposition, Lebensgeschichte und aktuelle Lebenssituation müssen in die therapeutischen Überlegungen eingehen. Die Therapie muss sich aber trotzdem entschieden am Hier und Jetzt orientieren.
- Mehr als in anderen Therapien spielen die persönliche Beziehung von Patient und Therapeut und die Erfahrung des Therapeuten eine Rolle. Die Therapie wird erst dadurch krisenfest.
- Die Therapie hat sorgfältige Überlegungen zur Voraussetzung, welche Bereiche die therapeutischen Gespräche berühren sollen und welche (möglichst) konkreten Ziele mit der Therapie verfolgt werden.
- Außer den Symptomen muss auch der Art der Lebensführung Aufmerksamkeit geschenkt werden. Dazu ist ein gewisser Realitätsbezug in der Therapie notwendig.

- Jede Therapie braucht ein Klima von gegenseitiger Wertschätzung und von Respekt, das auch die Bereitschaft zur Offenheit beinhaltet.
- Die therapeutischen Inhalte müssen dem jeweiligen Entwicklungsstand des Betroffenen entsprechen und in diesem Sinne in Stufen eingeteilt sein.

Mittlerweile sind einige spezialisierte therapeutische Verfahren auch für die ambulante Behandlung entwickelt, etwa die Dialektisch-behaviorale Therapie (DBT).

Welche Faktoren werden nun bei der Therapie wirksam? Es werden allgemeine und spezielle Wirkungen unterschieden. Allgemeine Wirkungen sind unabhängig von der angewandten Technik. So lassen sich einige »Erfolgs«merkmale der Therapie nennen:

- Die Therapie ist auf eine positive Veränderung der Symptome angelegt.
- Die Therapie ist eine tiefe emotionale Erfahrung.
- Während der Therapie wird eine gemeinsame Erklärung der Symptome angestrebt.
- Das Ergebnis der Therapie ist eine Erarbeitung von Lösungen im Hinblick auf:
  1. die innere Einstellung und das innere Erleben,
  2. die zwischenmenschlichen Beziehungen sowie
  3. die Entwicklungsaufgaben des Betroffenen.

Der Erfolg der Therapie hängt also von der Kompetenz des Therapeuten ab, aber auch von der Motivation des Betroffenen und der Qualität der Beziehung zwischen beiden. »Meistens reicht schon ein gutes Gespräch, um mich weiterzubringen, und etwas emotionale Wärme.«

Eine Therapie kann an verschiedenen Punkten ansetzen.

Naheliegend ist, dass in der Therapie die Probleme »aktualisiert« werden. Da sich die Borderline-Störung vor allem im zwischenmenschlichen Bereich auswirkt, ist die Beziehung zwischen Patient und Therapeut der Punkt, an dem die Probleme deutlich gemacht werden können. Die Aktualisierung der Probleme reicht aber sicherlich nicht aus, wenn nicht auch Lösungen gefunden werden, um die Symptome und Probleme in den Griff zu bekommen. Diese Lösungen erfordern in der Regel, dass die Stärken des Patienten zum Tragen kommen. Die Therapie dient daher auch der Aktivierung von Ressourcen, vor allem bei der Suche nach alternativen Lebensformen. In gewissem Sinne dient die Therapie vielen Betroffenen nicht zuletzt zu einer neuen Sinnfindung, also der Klärung der lebensgeschichtlichen Bedeutung der Symptome. Wenn Letzteres gelingt, kann die Überwindung der Krankheit auch eine »Reifung« zur Folge haben.

Spezialisierte Therapien unterscheiden sich weniger in den Grundlagen, sondern sie orientieren sich stärker an einem spezifischen Krankheitsmodell der Störung. Damit wird eine bessere Konzentration auf die wesentlichen Elemente der Erkrankung erreicht, die allgemeinen Faktoren einer Krankheit aber weniger berücksichtigt. Spezifische Therapieverfahren betten sich häufig in einen allgemeinen Therapieplan ein.

Formen der Therapie und ihre Dauer

In der Geschichte der Therapie psychischer Störungen ist es zur Entwicklung einer Vielzahl von therapeutischen Methoden gekommen. Im Wesentlichen werden aber biologische, humanistische (dazu gehören etwa Gesprächspsychotherapie, Hypnotherapie, Gestalttherapie), psychoanalytische, tiefenpsychologische, kognitiv-verhaltenstherapeutische und systemische Therapieverfahren unterschieden. Zudem gibt es noch im Rahmen der einzelnen therapeutischen Verfahren spezifische Anwendungen, die sich meist auf eine bestimmte Krankheit oder Fragestellung beziehen. Abgesehen von einem unterschiedlichen Krankheitsverständnis unterscheiden sich diese Therapierichtungen vor allem durch das »therapeutische Setting«. Damit sind die Bedingungen gemeint, unter denen die Therapie stattfindet. So arbeitet die Psychoanalyse vor allem mit Erinnerung und freier Erzählung, die kognitive Verhaltenstherapie mit übenden Verfahren und die systemische Therapie mit der Einbeziehung des sozialen Umfeldes, insbesondere der Familie. Die Erfahrungen mit den unterschiedlichen Zugangswegen und »Settings« sind von Patient zu Patient sehr unterschiedlich, sodass eigentlich nicht vorhersehbar ist, von welchem Verfahren ein betroffener Patient am besten profitiert. Die Wirksamkeit einer Therapie lässt sich dabei in allgemeine und spezifische Wirkfaktoren unterteilen. Allgemeine Wirkfaktoren resultieren im Wesentlichen aus der Qualität der therapeutischen Beziehung und der Aktivierung von Ressourcen. Spezifische Wirksamkeitsfaktoren hängen von der Gültigkeit des Krankheitsmodells und der Spezifität der therapeutischen Interventionen ab. Wichtig für die Güte eines Verfahrens ist auch, ob die Wirkung wissenschaftlich kontrolliert wurde.

Eine therapeutische Behandlung wird ambulant, teilstationär oder stationär erfolgen. Eine stationäre Behandlung kann in einer zuständigen psychiatrischen Klinik durchgeführt werden, aber auch in spezialisierten Einrichtungen, etwa in bestimmten psychosomatischen Krankenhäusern. Die Entscheidung, welche Behandlungsform sinnvoll ist, hängt vom Ausmaß der Symptome, dem Grad der Gefährdung und vom Hilfebedarf ab.

Eine ambulante Psychotherapie erstreckt sich meist über einen längeren Zeitraum, wobei die therapeutischen Kontakte aus Gesprächen bestehen, zwischen denen in der Regel ein mindestens einwöchiges Intervall liegt. In der Ambulanz sind Einzelgespräche, aber auch Gruppentherapien möglich. Der Vorteil der ambulanten Therapie liegt darin, dass der Kontakt zur sozialen Umgebung aufrechterhalten bleibt und das »Übungsfeld Alltag« eine direkte Umsetzung der Therapiefortschritte ermöglicht. Bei einer stationären Behandlung ist das therapeutische Programm umfangreicher und damit der therapeutische Kontakt dichter. Dafür fällt die Übungsmöglichkeit im Alltag weg. Zudem bringt ein stationärer Aufenthalt die Konfrontation mit anderen Betroffenen mit sich. Dies kann Vor- und Nachteile haben. Jedoch ist im Rahmen eines stationären Aufenthaltes durch den Abstand von den Anforderungen des Alltags oft eine wohltuende Distanz und Entlastung möglich, sodass Kräfte für Veränderungen freigesetzt werden können.

Bei einigen kann es im Rahmen einer Krisenintervention zu einer Aufnahme in einer Akutabteilung eines psychiatrischen Krankenhauses kommen. Gelegentlich stellt eine solche Notfallaufnahme den Beginn einer intensiveren therapeutischen Bearbeitung der Störung dar. Allerdings sind psychiatrische Aufnahmestationen nur selten in der Lage, eine *spezifische* Behandlung durchzuführen, ebenso sind Behandlungsstationen in psychiatrischen Kliniken vielfach nicht auf die Therapie von Persönlichkeitsstörungen ausgerichtet. In solchen Behandlungsstationen ist man auch mit Patienten konfrontiert, die an anderen seelischen Erkrankungen leiden. Das kann Vor- und Nachteile haben. Auf spezialisierten Stationen ist in der Regel das Therapieprogramm auf die Störung abgestimmt und die Gruppe der Patienten ist homogener. Dafür müssen aber oft Wartezeiten und lange Anfahrtswege in Kauf genommen werden.

Es ist bei allen Möglichkeiten von Vorteil, wenn bei der Auswahl eines geeigneten Settings zuvor Informationen eingeholt werden, damit die Besonderheiten der einzelnen Möglichkeiten sorgfältig gegeneinander abgewogen werden können.

Die Borderline-Störung ist eine sehr komplexe Störung, die in der Regel ein mehrstufiges Vorgehen erfordert. Zudem sind Interventionen auf unterschiedlichen Ebenen nötig und damit eine Kombination von Hilfen. Im Mittelpunkt einer Behandlung sollte stets eine auf Kontinuität angelegte ambulante Behandlung stehen. Dabei ist eine Kombination von Einzel- und Gruppentherapie sinnvoll. Die Therapie sollte adäquat die Stufen begleiten, die oben erwähnt worden sind. Bei den einzelnen therapeutischen Methoden sind zunächst allgemeinere Verfahren zur Behandlung der Borderline-Störung von jenen Verfahren zu unterscheiden, die zur Behandlung einzelner Symptome dienen. Von den allgemeinen Verfahren sind insbesondere die psychodynamischen und kognitiv-verhaltenstherapeutischen am weitesten ausgearbeitet.

Bei beiden Verfahren handelt es sich um sogenannte Kurzzeit-Therapien, womit Zeiträume von etwa 1 bis 2 Jahren (25 Sitzungen mit Verlängerungsmöglichkeit) gemeint sind. Der Schwerpunkt beider Verfahren liegt in der ambulanten Therapie.

Beim psychodynamischen Verfahren handelt es sich um ein Konzept, das auf der Objekttheorie aufbaut. Das zentrale Ziel ist hierbei, die Angst bei der Wahrnehmung von Widersprüchen zu reduzieren und dem Betroffenen somit einen realistischeren Umgang mit Beziehungen zu ermöglichen. Hauptübungsfeld für eine solche Entwicklung ist die therapeutische Beziehung selbst.

Die Therapie erfolgt in zwei Schritten. Zunächst werden die Regeln und Formen des Umgangs miteinander festgelegt. Diese Verhandlung kann sich über einen längeren Zeitraum erstrecken. Die Vereinbarungen enthalten Überlegungen zur Motivation, zu den Zielen sowie zu der Art und Weise des Umgangs miteinander, die Verständigung auf Offenheit, Regeln im Umgang mit therapiegefährdendem Verhalten und die Klärung der Verantwortung für die Veränderung. In einer zweiten Phase erfolgt dann die Thematisierung der Beziehungsstörung.

Im Gegensatz zu anderen Behandlungen, die sich von der Psychoanalyse herleiten, nimmt bei dieser Therapie der Therapeut eine durchaus aktive Rolle ein. Die verwendeten Techniken sind dabei die Klärung, die Konfrontation und die Deutung. Dabei handelt es sich um abgestufte Interventionen, um auf Widersprüche hinzuweisen und sie zu erklären. Treten im Verlauf der Behandlung Schwierigkeiten auf, dann wird die Therapie unterbrochen und wieder mit den Verhandlungen über die Grundlagen der Therapie begonnen.

Die Beschäftigung mit der Vergangenheit trägt zu Gunsten einer Orientierung am Hier und Jetzt bei. Auch darin unterscheidet sich diese Behandlungsform von anderen psychoanalytischen Ansätzen.

Bei diesem Verfahren handelt es sich um ein kognitiv-verhaltenstherapeutisches Programm, das auf dem Modell der emotionalen Instabilität aufbaut. Vor allem die angewandten Techniken sind dem Repertoire der kognitiven Verhaltenstherapie entnommen, etwa Training der sozialen Kompetenz, Exposition (Auseinandersetzung mit der konkreten Situation, in der sich die Störung bemerkbar macht), Notfallmanagement und kognitive Umstrukturierung (Veränderung der Haltung gegenüber Situationen des alltäglichen Lebens).

Die dialektisch-behaviorale Therapie baut auf verschiedenen Strategien auf. Es sollen Techniken der Akzeptanz entwickelt werden, die die Bestätigung von Erfolgen und die Steigerung der Achtsamkeit fördern. Aber auch die Möglichkeiten der Veränderung werden thematisiert. Einen zentralen Ansatzpunkt stellen die dialektischen Strategien dar, die eine gewisse Ähnlichkeit mit dem oben beschriebenen psychodynamischen Vorgehen haben. Dialektische Strategien zielen darauf, in der therapeutischen Beziehung auf Gegensätze im Leben des Patienten hinzuweisen und sie aufzulösen. Damit soll das Schwarz-Weiß-Denken überwunden werden. Die Therapie stützt sich auf vier Module: die Einzeltherapie, das Fertigkeitstraining, die Telefonberatung und die Supervisionsgruppe (als Kontrollinstanz).

Die Behandlung unterteilt sich in vier Phasen mit jeweils eigenen Schwerpunkten:

Vorbereitungsphase:

1. Aufklärung über die Behandlung, Zustimmung zu den Behandlungszielen
2. Motivation und Zielanalyse

Erste Therapiephase:

1. Suizidales und parasuizidales Verhalten
2. Therapiegefährdendes Verhalten
3. Verhalten, das die Lebensqualität beeinträchtigt
4. Verbesserung der Verhaltensfertigkeiten (Fertigkeitstraining)
   - innere Achtsamkeit
   - zwischenmenschliche Fähigkeiten
   - bewusster Umgang mit Gefühlen
   - Stresstoleranz
   - Selbstmanagement

Zweite Therapiephase:

1. Bearbeitung des Posttraumatischen Stress-Syndroms

Dritte Therapiephase:

1. Steigerung der Selbstachtung
2. Entwicklung und Umsetzung individueller Ziele

Wichtig ist, dass im Rahmen dieses Verfahrens die Traumatisierungen recht spät angesprochen und verarbeitet werden. Dies bestätigt nochmals, dass die Bearbeitung von Traumata eine vertrauensvolle Beziehung zwischen Patient und Therapeut voraussetzt, denn jede Erinnerung an ein Trauma birgt die Gefahr einer erneuten Traumatisierung in sich.

Psychodynamische Verfahren und kognitiv-verhaltenstherapeutische Verfahren sind selbstverständlich nicht die einzigen Möglichkeiten der Behandlung. Sie zeichnen sich aber durch eine breite Akzeptanz und ein hohes wissenschaftliches Niveau aus. Darüber hinaus gibt es gesprächspsychotherapeutische Konzepte, körperbezogene Therapien und künstlerische Therapien, schließlich haben auch rehabilitative Techniken ihren Platz in der Therapie der Borderline-Störung.

Die Behandlung des Posttraumatischen Belastungssyndroms hat in den letzten Jahren eine große Beachtung gefunden und zur Entwicklung einer Reihe von Behandlungstechniken beigetragen. Auffallend häufig kommen dabei suggestive und autosuggestive Methoden zur Anwendung, die sich mehr oder weniger aus der Hypnose ableiten. Ziel ist die Stärkung der inneren Sicherheit im Umgang mit Erinnerungen und die therapeutische Begleitung einer vorsichtigen Konfrontation mit diesen Erinnerungen, um eine Einstellungsänderung zu ermöglichen.

Als Beispiel soll hier das sogenannte EMDR (Eye Movement Desensitization and Reprocessing) erwähnt werden. Bei dieser Technik werden Erinnerungen an die traumatisierenden Ereignisse hervorgerufen. Anschließend soll der Betroffene horizontale Augenbewegungen herbeiführen. Hierbei kommt es im günstigen Fall zu einer Verarbeitung des Traumas, sodass die Erinnerungen nicht mehr so belastend sind.

All diese Techniken können eigentlich nur mit therapeutischer Begleitung angewendet werden. Sie sind dabei speziell ausgebildeten Therapeuten vorbehalten.

Erwartungen an die Therapie

BEISPIEL Selbst wenn bei mir diese Störung diagnostiziert wird, bin ich immer noch dieselbe Person und habe nicht vor, mich als »Träger einer Krankheit mit bestimmten Symptomen« zu sehen, sondern nach wie vor als Person mit persönlichen Charaktereigenschaften. Ich werde mich nicht hinter einem Attest verstecken. Im Allgemeinen ist es so, dass meine Mitmenschen entweder spontan sehr gut mit mir zurechtkommen oder ich spontan allergische Reaktionen hervorrufe, eins von beiden, eine Mitte gibt's nicht. ■

Im Gegensatz zu anderen seelischen Erkrankungen ist bei der Borderline-Störung nicht zu erwarten, dass in der Therapie alle Aspekte der Erkrankung bearbeitet und verändert werden können. Oft steht am Beginn einer Therapie die Not, etwas unternehmen zu müssen, oder aber das Drängen anderer, dass doch endlich etwas geschehen müsse. Die Erwartungen schwanken daher oft zwischen »alles« oder »nichts«. Beides ist aber unrealistisch.

Therapie kann im Allgemeinen keine unmittelbare Veränderung der Lebensgestaltung bewirken, sondern sie dient dazu, die Möglichkeiten des Patienten zu erweitern, um die durch die Erkrankung bedingten Symptome zu meistern. Therapie ist daher eine Art Befähigung (Empowerment). Daher sind vor allem jene Veränderungen durch die Therapie nachhaltig wirksam, die die Selbstwirksamkeitserwartung stärken. Dabei wird die Fähigkeit erworben und gefördert, das eigene Schicksal aktiv zu gestalten. Der Transfer der Erfahrungen innerhalb der Therapie für den Umgang mit den Symptomen und die allgemeine Lebensgestaltung sind Leistungen, die vor allem der Patient selbst erbringen muss. Dieser Transfer wird besonders dann gelingen, wenn die Erwartungen und die daraus entwickelten Ziele möglichst konkret sind. Nur so lässt sich ein Maßstab für Entwicklung und für den Erfolg einer Therapie finden. In den folgenden Fragen und Antworten spiegeln sich diese Erwartungen und Erfahrungen mit (stationärer) Therapie anschaulich wider.

Welche Bedingungen und Voraussetzungen sind notwendig, damit Ihnen Therapie nützt?

- Vertrauen, dass man sich wohl fühlt und sich helfen zu lassen.
- Aufklärung. Der Therapeut sollte geschult sein und mich manchmal zurechtweisen.
- Ich müsste halbwegs ausgeglichen sein, damit ich wirklich aufnahmefähig bin. Ich müsste Vertrauen entwickeln können, müsste mich verstanden und angenommen fühlen. In der Zeit der Therapie dürfte ich möglichst wenig Stress von außen (Familie, Freunde, Kollegen usw.) ausgesetzt sein, damit ich im Hier und Jetzt bleiben kann.
- Gespräche, Therapie und dass man sich hier mit den Leuten versteht. Dass ich auch sehe und mitarbeite.
- Wichtig ist die Einstellung und die Einsicht zur Therapie. Geben zu wollen und sich auf Veränderungen einzulassen. Außerdem gehört ein Mindestmaß an Vertrauen dazu. Dann gehört auch noch Mut dazu, Neues an sich heranzulassen. Und die Einsicht, dass ich mit den bisherigen Mustern nicht klargekommen bin. Außerdem das Erlernen von Akzeptanz Veränderungen gegenüber.
- Vertrauen zur Therapeutin, am besten ein geschützter Rahmen.
- Struktur, Klarheit, Regelmäßigkeit, Wahrheit, alles sagen dürfen, über mich sprechen, Sympathie.

Welche Maßnahmen in der Therapie empfinden Sie als hilfreich?

- Mir gefallen Fertigkeitstrainings, Sport und Einzelgespräche.
- Meine Erfahrung ist, dass sowohl Musiktherapie wie Körperwahrnehmung, soziales Kompetenztraining, Einzelgespräche mit dem Therapeuten und mit dem Pflegepersonal, Gespräche

mit den Betroffenen, der wunderschöne Park für ausgedehnte Spaziergänge, dass alle diese Maßnahmen zur Stärkung beigetragen haben.

- Mir hilft das soziale Kompetenztraining, das Fertigkeitstraining, Sport, Beschäftigung, Therapie, Fitness und die Selbsthilfegruppe.
- Damals wollte ich nicht hierher und ich habe dagegen gestreikt, weil ich geglaubt habe, dass ich keine Therapie brauche und dass mir keiner helfen kann, weil mich keiner versteht. Deswegen habe ich einen Suizidversuch unternommen. Später beruht Training vielleicht auch darauf, dass ich so lange hier war und dadurch viel lernen konnte.
- Das Wichtigste für mich ist das Fertigkeitstraining. So lerne ich das meiste über mich, meine Denkweise, meine Fehler und mein Verhalten. Das ist die beste Voraussetzung, um eine Veränderung anzugehen.
- Sowohl die Bearbeitung aktueller Schwierigkeiten als auch das Sich-besser-Kennen sowie die Arbeit mit Träumen.
- Über alles reden können, einen gut reflektierten Therapeuten, der weiß, wann ich mich verlaufe oder wann ich ihn irreführen will, also einer, der sich in der Seele auskennt und eine Landkarte hat und weiß, wo was liegt bzw. wie man da hinkommt.

Wie können Sie sich selbst helfen?

- Indem ich die Fertigkeiten anwende, versuche mich zu beruhigen oder abzusenken, sonst auch mit jemandem zu reden. Manchmal höre ich Musik, versuche zu schlafen oder zu telefonieren.
- Mit dem Notfallkoffer des Fertigkeitstrainings. Was ich in den Gesprächen gelernt habe, die Fertigkeiten regelmäßig an-

zuwenden und fast alles auszuprobieren, was vorgeschlagen wird.

- Indem ich mitarbeite und stark auf mich achte, dass ich später klarkomme.
- Ich helfe mir auf verschiedene Weise selbst. Einmal über die Auseinandersetzung mit mir selbst. Ich finde heraus, was mir gut tut und wie die nächsten Schritte zum Umsetzen dafür sind. Dann führe ich Tagebuch, in dem meine Gefühle Raum bekommen. Ich mache tägliche Spaziergänge. Ich sorge für Abwechslung. Ich schaue alles eben von verschiedenen Blickwinkeln aus an und ziehe Erkenntnisse für heute daraus. Ich schaffe mir positive Vorstellungen von der Zukunft und frage mich, was ich dazu brauche.

Welche Themen bringen Sie dem Ziel, gesund zu werden, näher?

- Wie man am besten mit der Krankheit klarkommt, zum Beispiel was man im Fall einer Krise machen kann.
- Themen, die den Alltag betreffen und die verschiedenen Lebensbereiche, so wie Partnerschaft, soziales Umfeld, Arbeitsplatz, Freizeitgestaltung, Familie und Freundschaften.
- Am meisten ist für mich die Vergangenheit wichtig, die müsste ich bearbeiten.

Welche Informationen helfen Ihnen, Ihre Erkrankung besser zu verstehen?

- Wie man sich besser beruhigen kann. Wie man seine Wut loswerden kann, ohne jemanden zu verletzen und Gegenstände kaputtzumachen.
- Alles, was dazu beiträgt, die Krankheit zu analysieren.
- Erfahrungen anderer, in ähnlichen Situationen wie in der meinen.
- Informationen, an die ich sonst gar nicht herankäme, die sehr

in den medizinischen Bereich eingehen. Informationen, die sich auf Erfahrungswerte beziehen.

Welche Bedeutung hat Ihre Familie bei der Mitwirkung in der Therapie?

- Sie hat die Bedeutung, dass alle mal sehen, wie das Erlebte für mich ist. Die Akzeptanz, etwas stehen lassen zu können, neue Möglichkeiten zu finden für ein eigenes selbstständiges Leben.
- Ich bin auf die Unterstützung der Familie, das Verständnis und ihre Geduld angewiesen, wenn nicht alles zerbrechen soll.

Woran merken Sie, dass es Ihnen besser geht?

- Das merke ich daran, wie ich es schaffe, meine Lebenswünsche zu erfüllen, und mit S. besser klarkomme und auch viel Verständnis für sie habe.
- Ich bin ruhig, fühle mich wohl, keine Anspannung, positive Gedanken, Gefühle, Zukunftspläne, geduldiger sein können.
- Ich ritze viel weniger, habe ein normales Gewicht und nur noch sehr selten Suizidgedanken und Spannungen.
- An meinem Schlafverhalten, wenn ich im Hier und Jetzt lebe, wenn ich Lebensfreude spüre, wenn ich wieder Pläne machen kann, wenn ich morgens gut aus dem Bett komme.
- Psychotherapie ist immer auch ein Prozess, bei dem sich Ziele und Erwartungen fortlaufend verändern. Aus den Entwicklungen im Rahmen der Therapie erschließen sich im günstigsten Fall neue Wege. Dadurch erweitert sich das Spektrum der persönlichen Möglichkeiten.

In der Regel kommt der Gedanke an eine Therapie dann, wenn der Leidensdruck so groß geworden ist, dass man mit den eigenen Mitteln nicht mehr weiterkommt. Der Rat von Freunden, vielleicht auch gelegentlich Zufälle festigen die Absicht. Natürlich soll die Therapie den Leidensdruck nehmen und die Symptome reduzieren. Dabei ist zu bedenken, dass ohne eine innere Veränderung kein wirklicher Erfolg denkbar ist. Therapie ist keine »Veranstaltung«. Nichts ändert sich »von selbst«, der Betroffene muss zu einer Veränderung bereit sein und Veränderungen auch durchführen *wollen*.

Dennoch ist Therapie auch ein Schutzraum. Aber der Schutzraum muss (gestärkt!) wieder verlassen werden, denn die Anforderungen des Lebens außerhalb müssen nach wie vor bewältigt werden. Auch ist die Therapie kein Selbstzweck. Sie kann nur ein einzelner Baustein der persönlichen Lebensgestaltung und Lebensbewältigung sein.

BEISPIEL Ich habe mich, nachdem ich mich täglich mit brutal viel Alkohol »weggemacht« habe, entschlossen, mein Leben zu retten. Mein bester und einziger Freund war der Alkohol und mein größter Feind war ich selbst. Als Erstes habe ich entgiftet und habe dabei sehr viel positive Unterstützung erfahren. Zu meinem Selbstschutz bin ich dort zwei Monate geblieben (die Regel sind zwei Wochen). Habe mich dann für eine Tagesklinik entschieden, weil ich mich immer noch für so stark hielt, Leben und Therapie gleichzeitig zu bewältigen. Die Tagesklinik war den Namen nicht wert. Also habe ich angefangen, eine Langzeittherapie für mich zu organisieren. Von der Klinikseite bekam ich keinerlei Unterstützung, also habe ich alles allein durchgezogen (Stolz). Habe mir dann von verschiedenen Kliniken Therapiekonzepte (nicht diese niedlichen Hausprospekte) zuschicken lassen und habe mich danach entschieden. ■ Therapiekonzept: tiefenpsychologische Orientierung. Therapieformen: Kunst-, Sport-, Gestalt-, Gruppen- und Einzeltherapie. Im Konzept wird darauf verwiesen, dass zunehmend Borderliner unter den Patienten zu finden sind und dass die Klinik diesen nicht unbedingt gerecht werden könne. Das fand ich ehrlich. ■ Fazit: Ich bin mit einem Selbstwertgefühl in die Therapie gegangen, dass ich unter der Grasnarbe war, und rausgegangen, als ich mit den Schultern über dem Gras war. Ich habe aus jeder einzelnen Therapieform das Beste für mich rausgezogen (nicht zu fassen, aber man kann lernen, sogar seine Wut im künstlerischen Bereich loszuwerden – habe die Pinsel nachher gar nicht mehr gezählt). Ansonsten habe ich gelernt, Gefühle wahrzunehmen und auch auszuhalten, mich besser abzugrenzen. Kurz, ich habe mich besser kennengelernt. ■ Ich habe im Anschluss noch eine Nachsorgetherapie gemacht, die aus Einzel- und Gruppentherapie bestand und hervorragend war. Meine Einzeltherapeutin hat sich nie in das Thema Sucht verbissen, sondern sich mit dem Thema »Borderline« auseinandergesetzt. ■ Abschließend kann ich nur sagen, dass es keine »falsche« oder »richtige« Therapie gibt. Eine Therapie kann nur so viel bringen, wie man selbst bereit ist einzubringen. Voraussetzung dafür ist zum einen die Kapitulation vor sich selbst, zum anderen der Wille, die Konsequenzen, die eine Therapie mit sich bringt, zu ertragen. ■ Ich kann nicht sagen, dass mein Leben heute einfacher geworden ist, aber wenigstens verständlicher, und ich weiß heute, wie und wo ich Hilfe finden kann, wenn das Leben nicht mehr auszuhalten ist. ■

Die Voraussetzung für eine Therapie ist der »Behandlungsvertrag«. Damit ist eine Vereinbarung gemeint, welche Regeln und Ziele für die Therapie gelten sollen. »Vertrag« bedeutet nicht in jedem Falle, dass diese Vereinbarungen auch schriftlich festgelegt werden, obwohl das durchaus sinnvoll sein kann. Eine wichtige Voraussetzung für die Therapie ist der persönliche Wille, etwas zu verändern. Ich habe weiter oben ausführlich darüber geschrieben. Diese Veränderungen sollten nicht allein die Lebensumstände betreffen, sondern auch eine *innere* Entwicklung umfassen. Und: Die Ziele sollten möglichst konkret sein.

Von allen erfahrenen Therapeutinnen und Therapeuten wird empfohlen, bereits am Anfang über Regeln nachzudenken, wie mit Therapiegefährdungen umgegangen werden soll. Diese Regeln betreffen insbesondere den Umgang mit Suizidalität sowie Drogen- und Alkoholmissbrauch. Die Grenzen des Betroffenen und die des Therapeuten sind hier entscheidend. Gerade bei der Borderline-Störung ist die Vereinbarung einer größtmöglichen Offenheit wichtig. Auch die eher peinlichen und unangenehmen Aspekte der Erkrankung müssen besprochen werden können. Zu den Voraussetzungen der Therapie gehört außerdem, dass der Therapeut seinen Ansatz und seine Umgangsformen erläutert. Trotzdem verbleibt die Verantwortung für Veränderungen bis zuletzt beim Betroffenen. In diesem Sinne sollte auch der Betroffene Verantwortung beim Scheitern der Therapie mit übernehmen.

Vereinbarungen über die Voraussetzungen und die Regeln innerhalb der Therapie sollten für beide Seiten eine große Verbindlichkeit haben. Wird im Laufe der Therapie deutlich, dass gegen Vereinbarungen und Regeln fortlaufend verstoßen wird, dann muss neu darüber nachgedacht werden, welchen Zielen die Therapie folgen soll. Eventuell müssen Vereinbarungen verändert werden, auch dies muss jedoch wiederum klar und offen erfolgen.

Erfahrungen mit Therapeuten

Die Erfahrungen mit Therapeutinnen und Therapeuten sind unterschiedlich, aber schlechte Erfahrungen zu machen bedeutet keineswegs, dass eine Therapie nicht auch genutzt hat.

Es ist nicht einfach, die Eignung eines Therapeuten zu definieren. Sicherlich spielen Erfahrungen eine große Rolle, aber auch die Haltung zu den Betroffenen und die Einstellung zur Störung haben einen Einfluss auf die Qualität des therapeutischen Kontakts. Die Therapie der Borderline-Störung war zudem lange Zeit davon belastet, dass von dem Therapeuten bereits im Vorfeld heftige Konflikte erwartet wurden. Gleichwohl trägt auch der Patient Verantwortung für das Gelingen der therapeutischen Beziehung.

Alle, die sich mit der Behandlung der Borderline-Störung beschäftigt haben, betonen die Bedeutung der »Container«-Funktion in der Therapie. Damit ist die Fähigkeit eines Therapeuten gemeint, die Emotionen des Patienten aufzunehmen und auszuhalten – die »tragende« Funktion der Therapie also. Eine wichtige Voraussetzung dazu ist, dass ein Therapeut mit Krisen der Patientinnen und Patienten umgehen kann. Außerdem ist es erforderlich, ein ausgewogenes Verhältnis zwischen Nähe und Distanz herzustellen. Wenn ein Therapeut sich distanziert verhält und kritische Kommentare bevorzugt, ist es sehr schwer, eine ausreichende Offenheit in der therapeutischen Beziehung zu erreichen. Eine zu große Nähe zu den Problemen erschwert allerdings ebenfalls die nüchterne Reflexion und erhöht die Gefahr unkontrollierter Reaktionen. Es ist immer von Vorteil, wenn sich auch der Therapeut in Frage stellen kann und seine eigenen Grenzen berücksichtigt.

Doch auch der Betroffene muss zu einer guten therapeutischen Beziehung beitragen. Wichtig ist beispielsweise eine gewisse Zuverlässigkeit im Einhalten von Vereinbarungen. Auch die Verweigerung der Mitarbeit, etwa durch fehlende Offenheit, kann die therapeutische Beziehung nachhaltig belasten. Dazu gehört, dass zusätzlicher Alkohol- und Drogenkonsum verheimlicht wird.

Viele Symptome der Störung können Therapeutinnen und Therapeuten auch überfordern. Die Berücksichtigung der Grenzen eines Therapeuten ist ein Schutz gegen das Misslingen der Therapie. Wichtig ist hier, dass insbesondere der private Bereich geschützt bleibt. Auch das Aushalten von Bedrohungen hat Grenzen. So sind häufige Ankündigungen von suizidalen Handlungen auf Dauer eine Gefährdung der erfolgreichen Therapie. Aufgrund der Beziehungsstörung im Rahmen der Borderline-Erkrankung neigen Betroffene dazu, gegenüber dem Therapeuten eine »feindselige« Haltung einzunehmen. Es ist nicht zu erwarten, dass ein Therapeut zu allen Situationen direkt eine Lösung anbieten kann. Ungeduld wird daher die Motivation des Therapeuten negativ beeinflussen. Eine therapeutische Beziehung, in der es in erster Linie zu gegenseitigen Vorwürfen und Abwertungen kommt, kann auf Dauer nicht gelingen.

Es gibt viele Verhaltensweisen auf Seiten des Therapeuten, die eine Rolle in den therapeutischen Beziehungen spielen. Die notwendige Distanz habe ich bereits erwähnt. Es kann nicht hilfreich sein, wenn es ein Therapeut darauf anlegt, den Patienten von sich abhängig zu machen. Eine solche Gefahr ist vor allem dann gegeben, wenn Therapeuten ihre eigenen Möglichkeiten überschätzen. Aber auch eine starke Unsicherheit sowie das Nichtbeachten eigener Emotionen können den Ablauf der Therapie negativ beeinflussen. Eigentlich ist es notwendig, dass ein Therapeut ein Gleichgewicht zwischen Akzeptanz und Veränderungsbereitschaft herstellt. Ein solches Gleichgewicht wird in dem oben aufgeführten Beispiel besonders deutlich.

Es ist wichtig, dass ein Therapeut auf die Einhaltung von Regeln besteht, gleichzeitig aber seine Flexibilität beibehält. Ebenso ist die Offenheit und Authentizität des Therapeuten von Bedeutung, denn für die Betroffenen ist es in der Regel von großem Interesse, was der Therapeut denkt. Wird eine gegenseitige Offenheit erreicht, können auch kritische Bemerkungen besser akzeptiert werden.

Alles in allem ist es gerade im Rahmen der Borderline-Störung wichtig, die therapeutische Beziehung sorgfältig auszuhandeln und immer wieder auch über negative oder unangenehme Gefühle (etwa Enttäuschungen) zu sprechen. So schützen sich beide vor überzogenen Erwartungen und ermöglichen eine fortlaufende Klärung des Arbeitsbündnisses.

Den richtigen Therapeuten finden

BEISPIEL Meine erste Therapie fand nach einem Suizidversuch statt. Mein damaliger Therapeut hat mir (ich bin missbraucht worden durch den eigenen Vater) so nette Fragen gestellt wie: »Was hast denn du getan, um deinen Vater zu reizen?« Oder:

»Könntest du dir vorstellen, mit mir zu schlafen?« Trotzdem habe ich es riskiert, noch mal einem Therapeuten zu vertrauen, und habe es nicht bereut. ■

Es ist immer wieder schwer, bei der Vielfältigkeit des Angebotes die richtige Therapie und den richtigen Therapeuten zu finden. In der Regel sind auch die Möglichkeiten der Information begrenzt. Günstig ist es, wenn man auf die Erfahrungen anderer Betroffener zurückgreifen kann. Dies ist aber nur in Ausnahmefällen möglich. Vielleicht bessert sich die Situation durch die Einführung des Internets. Zunächst ist man jedoch meistens auf das Prinzip »Versuch und Irrtum« angewiesen. Zu Beginn dieser Suche sollte eine allgemeine Beratung stehen. Diese erste Beratung können therapeutisch Tätige (Hausärzte, Psychotherapeuten, Psychiater), Beratungsstellen, aber auch Freunde und Mitbetroffene leisten. Manchmal verfügen die Krankenkassen über Informationen.

Bei der Behandlung der Borderline-Störung sollte die Psychotherapie im Vordergrund stehen. Sie kann daher durch einen entsprechend fortgebildeten Arzt oder psychologischen Psychotherapeuten durchgeführt werden. Oben wurde bereits erwähnt, dass auch die stationären Angebote unterschiedlich spezialisiert sind. In der Regel haben die einzelnen Kliniken Informationsmaterial, aus dem der Spezialisierungsgrad ersichtlich ist.

Die Adressen der ambulanten Therapeuten erhält man aus dem Telefonbuch (Gelbe Seiten), besser noch von der Krankenkasse, der Kassenärztlichen Vereinigung oder in Beratungsstellen. Inzwischen gibt es auch Internet-Angebote, die bei der Suche helfen, etwa die Seite www.psychotherapiesuche.de. Da in vielen Fällen zunächst eine ambulante Behandlung erfolgt, kann dort nach den Adressen der in Frage kommenden Kliniken gefragt werden. Wenn möglich, sollte vor der Aufnahme der Therapie ein Erstgespräch vereinbart werden. Dabei können die Behandlungsbedingungen geklärt und ein erster Eindruck über die Art des Umgangs mit der Störung gewonnen werden. Beispielsweise wird zuweilen bei zusätzlichem Alkohol- und Drogenmissbrauch eine vorgelagerte Entgiftungsbehandlung gefordert.

Es ist nicht nur wichtig, den richtigen Therapeuten zu finden, sondern auch Fehlentscheidungen zu korrigieren. In diesem Sinne ist es günstig, zusammen mit dem Therapeuten den Behandlungsverlauf in gewissen Abständen zu reflektieren und im Hinblick auf die Erwartungen zu bewerten. Kommt es zu keinen spürbaren Fortschritten, kann eventuell eine Behandlungspause oder ein Wechsel der Therapie vereinbart werden. Insbesondere im Rahmen der ersten fünf Sitzungen (»probatorische Sitzungen«) ist dies problemlos möglich.

TIPP **Betroffene neigen oft dazu, Psychotherapien wieder abzubrechen und sich früher oder später neue Therapeuten zu suchen. Obwohl es legitim ist, eine Therapie zu beenden, wenn Therapeut und Klient nicht harmonieren, sollten sich Betroffene bemühen, auch schwierige therapeutische Phasen durchzustehen. Gerade Psychotherapien profitieren außerordentlich von Konstanz und der zwischenmenschlichen Entwicklung.**

Themen in der Psychotherapie

Im Rahmen der Therapie können natürlich ganz verschiedene Themen in den Mittelpunkt geraten. Über den ganzen Therapieverlauf behält die Qualität der therapeutischen Beziehung jedoch ihre zentrale Bedeutung. Dabei muss es gelingen, dass auch negative Erfahrungen und Gefühle angesprochen werden. Weil die therapeutische Beziehung ein wichtiges Instrument zur Veränderung ist, sollte sie immer wieder im Mittelpunkt der Diskussion stehen. Das, was hier und jetzt passiert, gibt Aufschluss darüber, wie Beziehungen gestaltet werden und welche Störungen entstehen. Es ist dabei nicht wichtig, direkt zu Erklärungen der Störung zu kommen. Oft ist eine zunächst offenbleibende Frage sehr viel sinnvoller. Warum kommt kein richtiges Gespräch zustande? Was löst die innere Unruhe aus? Alles das sind Fragen, die im Verlauf geklärt werden sollten. Dazu gehört natürlich auch das Austragen von Konflikten. Warum ist eine »Hausaufgabe« nicht erledigt worden, ein Termin versäumt oder ein Ratschlag noch nicht umgesetzt worden?

Ansonsten verändern sich mit der Entwicklung der Therapie auch die Schwerpunkte und Themen. So wird am Anfang sicherlich die Sicherung der körperlichen und psychischen Gesundheit im Vordergrund stehen. Bei der sich anschließenden Vermittlung von Fertigkeiten die Selbstwirksamkeit und dann die kritische Reflexion über Denk-, Fühl- und Verhaltensmuster. Bei der Therapie der Borderline-Störung ist zudem ein sorgfältiger Umgang mit Zeit erforderlich. Dies wird vor allem durch die Vereinbarung und Überprüfung von Zielen erreicht, aber auch vom notwendigen Transfer in den Alltag bestimmt.

Im Zusammenhang mit dem Hier und Jetzt in der Therapie stehen die äußere Realität, in der sich die Störung zeigt, aber auch die bereits erreichten Veränderungen und Fortschritte. Die Erfahrungen der Vergangenheit können als Thema Aufschluss darüber geben, wie sich bestimmte Verhaltensmuster entwickelt haben und in welchem Umfang sie auf die Gegenwart einwirken. Gerade bei Traumatisierungen wirkt die Vergangenheit stark in die Gegenwart hinein. Durch die Beschäftigung mit der Vergangenheit lassen sich Ängste der Gegenwart erklären. Die Beschäftigung mit der Vergangenheit hat allerdings nur dann Sinn, wenn der Bezug zur Gegenwart hergestellt wird, obwohl dieser Bezug gelegentlich nicht auf den ersten Blick ersichtlich ist und innerhalb der Therapie geklärt werden muss.

Ein wichtiges Thema der Therapie ist die Bewältigung der lebenszyklischen Aufgabenstellung. Hier kommen Themen in das Blickfeld, die sich mit der Zukunftsgestaltung auseinandersetzen. Es hat sich als günstig erwiesen, diese Themen als eine Art Zwiebelschale zu verstehen. Die Beschäftigung mit der Gegenwart und mit den aktuellen Problemen führt im Prozess der Therapie zur Auseinandersetzung mit der Vergangenheit und der Planung der Zukunft. Für Letzteres muss aber bereits ein gewisses Maß an Gesundheit, also an Stabilität erreicht sein.

Bei vielen Themen geht es darum, die eigenen Urteile zu überdenken. Auch aus dieser Perspektive ist die Fähigkeit, Fragen zu stellen, wichtiger, als Erklärungen zu finden. Besonders bei Konflikten kann eine offene Frage den inneren Zwiespalt aufdecken, der die Lösung des inneren Konfliktes erschwert. So steht die Erklärung der Störung eigentlich am Ende der Behandlung und stellt einen Punkt dar, mit dem der therapeutische Prozess abgerundet werden kann.

Umsetzung der Behandlungsergebnisse

Eine Therapie ist nur dann erfolgreich, wenn sich Veränderungen bei den Symptomen und in der Lebensgestaltung ergeben. Es reicht nicht aus, wenn sich der Betroffene nur innerhalb der

Therapie besser fühlt, im Alltag aber weiterhin die Symptome in gleicher oder ähnlicher Form erlebt. Dieser Transfer der Ergebnisse in den Alltag ist ein wichtiges Thema in der Therapie. Es wird allerdings von den unterschiedlichen therapeutischen Richtungen in je spezifischer Form behandelt. Bei einigen Verfahren obliegt die Verantwortung für diesen Transfer allein den Patientinnen und Patienten. Der Therapeut erfährt von diesem Transfer durch die Erzählung der Patienten. Dabei ist er auf die Offenheit jener angewiesen und selbstverständlich besteht die Gefahr, dass es nur zu einem scheinbaren therapeutischen Erfolg kommt. Bei anderen Verfahren wird dem Patienten der Transfer durch konkrete Übungen erleichtert. Dies mindert die Freiheitsgrade des Patienten bei seiner Lebensgestaltung, macht aber für Patient und Therapeut die Überprüfung des Transfers leichter.

Das Ergebnis einer Therapie stellt sich in vielen Fällen aber erst nach dem Abschluss der Behandlung heraus. Gelegentlich ist es sogar so, dass die Verbindung zwischen Therapie und Veränderung auch von dem Betroffenen nicht mehr unmittelbar wahrgenommen wird. Letztendlich ist für den Erfolg der Therapie entscheidend, dass langfristige Veränderungen erreicht werden konnten. Vielleicht dient die Formulierung von Zielen innerhalb der Therapie zur Entwicklung eines Maßstabs, der auch mittel- und langfristig zur Überprüfung des Erfolgs dienen kann. Bei der Borderline-Störung lassen sich in der Regel nicht alle Symptome durch Behandlung reduzieren oder zum Verschwinden bringen. Manchmal ändert sich allein der Umgang mit den Störungen. Das Ergebnis einer Behandlung kann an der Steigerung der Lebensqualität und der Selbstständigkeit gemessen werden.

Bei der Umsetzung der Therapieergebnisse ist zu berücksichtigen, dass es nicht allein um die Entwicklung von Lösungen aktueller Probleme geht, sondern insgesamt die Möglichkeiten der Bewältigung erweitert werden. Der Umgang mit Anforderungen und Stress, die Gestaltung von Beziehungen, der Umgang mit Zeit und die Entwicklung von Lebensperspektiven sowie fallen hierunter. Es ist ein schöner Erfolg, wenn durch eine Therapie die soziale Kompetenz eines Betroffenen wesentlich gesteigert werden kann.

Partner und Familie in der Therapie

BEISPIEL Eine der häufigsten Drohungen meiner Mutter, als ich so 14, 15 Jahre alt war, lautete: »Und wenn das so weitergeht, dann schicke ich dich zum Psychiater!« Da wusste ich, dass ich krank bin – es war aber eine Drohung, kein Hilfeangebot.

Die Umsetzung von Veränderungen scheitert oft daran, dass keine ausreichende Unterstützung durch die soziale Umgebung erfolgt. Dieser Gefahr kann begegnet werden, indem die wichtigen Bezugspersonen in die Therapie einbezogen werden. Dies können Partner, gelegentlich auch Eltern oder Geschwister sein. Angehörige haben häufig Ängste, für die Krankheit (mit)verantwortlich gemacht zu werden. Aus diesem Grunde werden die Veränderungen, die durch die Therapie angestoßen werden, zuweilen misstrauisch betrachtet. Werden Angehörige aber mit in die Therapie einbezogen, ist die Gefahr geringer, gegeneinander zu arbeiten. Darüber hinaus kann eine solche Form der Zusammenarbeit zu einem tieferen gegenseitigen Verständnis führen. So ist es beispielsweise möglich, dass auch der Partner die Situationen erkennen kann, aus denen die Symptome der Erkrankung entstehen. Oft haben die Partner Beobachtungen gemacht, die für die Klärung der Zusammenhänge wertvoll sind.

Natürlich hat es nur eingeschränkt Sinn, die Probleme des Einzelnen zu Problemen der Familie oder der Gesellschaft zu machen. Probleme haben immer mehrere Ebenen und so kann eine Familientherapie die Einzeltherapie der Borderline-Störung nicht ersetzen, aber sie kann sie ergänzen. Es ist zu Beginn der Therapie zu bedenken, welche Bezugspersonen im Prozess der Gesundung hilfreich sein können und eine Bedeutung haben. Leider verfügen nicht alle Therapeuten über eine ausreichende Flexibilität, die erforderlich ist, wenn Angehörige mit in den Therapieprozess einbezogen werden sollen. Oft wird dann mit dem Datenschutz argumentiert. Diese Haltung führt jedoch leider bei vielen Angehörigen zu negativen Gefühlen und ist nicht selten Anlass für eine wenig hilfreiche Konkurrenz.

Um diese Konkurrenz von Anfang an zu vermeiden, sollten Angehörige einige Ratschläge beherzigen:

1. Eine Krise ist eine gute Voraussetzung, notwendige Veränderungen in Angriff zu nehmen!

Der Beginn einer Therapie oder andere einschneidende Ereignisse führen oft bei allen Beteiligten zu einer emotionalen Öffnung. Nutzen Sie daher solche Anlässe, um wichtige und notwendige Veränderungen anzusprechen, und sichern Sie sich die Unterstützung anderer. Hüten Sie sich jedoch vor Überengagement.

2. Suchen Sie die Zusammenarbeit mit dem Therapeuten!

Ihre Mitarbeit an den Veränderungen wird auf jeden Fall eine positive Entwicklung fördern. Ihre Erfahrungen sind wertvolle Bausteine zur Lösung der Probleme. Beschaffen Sie sich dazu Informationen über die Art und Behandlung der Störung.

Die Störung entsteht aus einem vielschichtigen Zusammenwirken von inneren und äußeren Faktoren. Überlegungen, wer die Schuld an der Fehlentwicklung trägt, helfen dabei in der Regel nicht weiter. Denken Sie daher weniger über Schuld nach, sondern über Ihre Möglichkeiten, an der Lösung der anstehenden Probleme mitzuwirken.

3. Sprechen Sie auch Ihre Bedenken an!

Oft verfügen die Beteiligten über unterschiedliche Informationen. Außerdem sind die Sichtweisen auf die Probleme immer vom eigenen Standpunkt abhängig. Fortschritte sind aber nur dann möglich, wenn die Beteiligten sich ein hohes Maß an Offenheit zugestehen. Dazu gehört auch die Möglichkeit, Kritik zu äußern und Bedenken anzumelden.

4. Legen Sie die Zusammenarbeit mit dem Therapeuten langfristig an!

Die Überwindung der Störung erstreckt sich zumeist über einen längeren Zeitraum. Die Kontinuität der Betreuung und die Therapie sind hier eine wichtige Voraussetzung, aus den gemeinsamen Erfahrungen zu lernen. Als Angehörige sollten Sie den Betroffenen darin unterstützen, eine derart langfristig angelegte Behandlung zu akzeptieren. Nur so lässt sich Vertrauen entwickeln. Achten Sie dabei auf eine gute Kooperation der Beteiligten.

5. Erinnern Sie sich an die Stärke der Familie!

Sie brauchen für die Überwindung der Schwierigkeiten viel Kraft und Geduld. Wichtig ist dabei, dass für die anstehenden Probleme Lösungen gefunden werden. Dabei sollte auf die besonderen Stärken der einzelnen Familienangehörigen zurückgegriffen werden. Jeder Beitrag zur Lösung der Probleme ist wichtig.

6. Bleiben Sie realistisch und setzen Sie sich angemessene Ziele!

Oftmals führen das Leid und die Aufregungen um die Störung dazu, dass völlig unrealistische Erwartungen an die Psychotherapie gestellt werden. Solche Erwartungen werden schnell enttäuscht und verstellen den Blick auf die möglichen Veränderungen. Gelegentlich ist es wichtig, überhaupt Fortschritte zu machen, auch wenn die einzelnen Schritte klein sein mögen.

7. Erhalten Sie sich Ihre gesunde Neugierde!

Denken Sie daran, dass die Störung den Blick für die gesunden Anteile verstellt haben kann. Versuchen Sie daher, auch auf jene Dinge zu achten, die nicht Ihren Erwartungen entsprechen. Oft zeigen sich Veränderungen in kleinen Details. Betroffener wie Angehöriger sollten sich fragen, wie gemeinsame Begegnungen erlebt werden, welche Dinge wem wichtig waren und welche Gefühle sich dabei entwickelten.

8. Versuchen Sie, die Struktur der Familie wiederherzustellen!

Die Borderline-Störung erzeugt gelegentlich ein großes Durcheinander innerhalb der Familie. Darunter leidet auch die gemeinsame Kommunikation. Die Schaffung von Ordnung ist aus dieser Sicht ein wichtiges Ziel innerhalb der Behandlung. Dazu ist es notwendig, dass alle Familienmitglieder in der Lage sind, eindeutige Grenzen zu setzen.

Medikamentöse Behandlungsmöglichkeiten

Eine spezifische Behandlung der Borderline-Störung mit Medikamenten gibt es im Grunde nicht. Gleichwohl lassen sich einige Symptome mit Medikamenten behandeln.

Die Beeinflussung von psychischen Krankheitssymptomen mit sogenannten Psychopharmaka ist eine verhältnismäßig junge Entwicklung, denn erst in den fünfziger Jahren kamen die ersten wirksamen Psychopharmaka auf den Markt. Nach einer anfänglichen Euphorie über die damit erschlossenen neuen Möglichkeiten folgte sehr bald aufgrund der zum Teil erheblichen Nebenwirkungen eine relative Ernüchterung. Mittlerweile wird den Psychopharmaka daher eher mit Skepsis begegnet. Zunächst glaubte man mit den Medikamenten bestimmte Erkrankungen behandeln zu können, zum Beispiel die Schizophrenie. Inzwischen ist aber deutlich geworden, dass die einzelnen Psychopharmaka nur gegen bestimmte Symptome (oder Symptomkonstellationen, sogenannte Syndrome) wirken. Zuletzt ist eine Vielzahl von Präparaten entwickelt worden. Zur besseren Übersichtlichkeit werden die Medikamente Hauptgruppen zugeordnet, wie sie in der folgenden Tabelle dargestellt sind. Der Einsatz bei Borderline-Störungen richtet sich nach den Zielsymptomen, die durch das Medikament beeinflusst werden sollen.

Auch wenn ein kritischer Umgang mit Psychopharmaka angebracht ist, kann ihr Einsatz doch in vielen Fällen eine deutliche Erleichterung bewirken. Wenn von dem behandelnden Arzt eine solche Behandlung empfohlen wird, sollte in jedem Fall nach der Zielvorstellung des Arztes gefragt werden und danach, bei welchen Problemen eine Hilfe zu erwarten ist. Die Veränderung der Zielsymptome erlaubt auch die Kontrolle der Medikamentenwirkung. Die Möglichkeit, dass lediglich ein zufälliges Zusammentreffen von Medikament und Besserung vorliegt, sollte bedacht werden.

MERKE **Zwar können Psychopharmaka in akuten Krisen kurzfristig Entlastung bringen und sind insofern legitime Hilfsmittel, eine »Heilung« bewirken sie bei den Symptomen allerdings nicht.**

Erfolgserwartungen

Welche Maßnahmen in der Therapie empfanden Sie als hilfreich?

- Zunächst den Notfallkoffer, Ablenkungsstrategien, dann die Anzeichen von Unruhe, Aggression usw. erkennen.
- Die Distanz zum Alltag, Fertigkeitstraining, insbesondere Einzelgespräche, das Zusammenspiel in der Therapie.

Welche Fertigkeiten, die Sie in der Therapie gelernt haben, wenden Sie heute konkret an?

- Ich gestalte heute den Umgang mit Gefühlen bewusster und besser als früher. Meine Maxime ist: Erst denken (sacken lassen), dann handeln.
- Meditationsmusik anhören, Spaziergänge mit dem Hund machen, Gespräche suchen per Telefon oder persönlich, beten, Gymnastik machen oder nach Musik tanzen, fernsehen, lesen, aufräumen und putzen.

Was hat Ihnen geholfen?

- Geholfen hat mir eigentlich jede Behandlung, jedes Mal bin ich ein Stück weitergekommen, um eine Lebensform zu finden, die ein würdevolles Leben zulässt.
- Mein Glauben an mich, dass ich immer wieder aufgestanden bin, mein Schutzengel, also Gott.
- Regelmäßige Gespräche. Ich musste leider auch Medikamente nehmen, die haben aber auch geholfen.

Wahrnehmung von Fortschritten

Woran merken Sie, dass es Ihnen besser geht?

- Wenn die Sonne scheint und ich merke, dass die Strahlen meine Haut erwärmen. Wenn der Wind weht und ich spüre, wie er durch meine Haare streift. Wenn es regnet und ich am Himmel die Wolken beobachte.

- Ich spüre es, wenn ich die Düfte der Blumen in mich aufsaugen kann, wenn Musik entspannend wirkt, wenn das Wort »Zukunft« eine Bedeutung für mich hat, wenn die Welt etwas freundlicher erscheint und ich am Ende eines Tages mich darauf freue, dass die Sonne am nächsten Tag wieder aufgehen wird. Dann geht es mir gut.
- Ich merke es durch die Erkenntnis, dass ich liebenswert bin.
- Wenn ich nicht mehr zu viel esse und nicht verzweifelt versuche, die Leere in mir auszufüllen.
- Wenn ich schneller einschlafen und durchschlafen kann.
- Wenn meine Schmerzen weniger sind und der Tinnitus nachlässt.
- Wenn ich nur noch so drei oder vier Stimmungen am Tag erlebe, wenn ich mich ausgefüllt fühle, wenn das Einsamkeitsgefühl weniger wird, wenn ich nicht mehr so verzweifelt bin, wenn ich meine Wohnung aufräumen kann, mich regelmäßig wasche und wenn ich so was wie ein kleines Ziel habe, wenn mir Projekte wieder wichtig sind.

Die Ergebnisse der Psychotherapie der Persönlichkeitsstörungen sind mittlerweile sehr ermutigend, ja, die Effekte der Psychotherapie sind sogar mittlerweile als groß einzustufen. Bei mindestens der Hälfte der Betroffenen ist nach etwas mehr als einem Jahr die Persönlichkeitsstörung »verschwunden«. Die Genesungsrate mit Therapie liegt etwa siebenmal höher als ohne Therapie. Trotzdem gibt es einige Punkte anzumerken, bei denen eine Behandlung in eine kritische Phase kommt und aufmerksam reflektiert werden sollte:

- der Beginn und die Art der Beziehungsaufnahme,
- der Beginn der Trauma-Arbeit,

- die Feststellung, dass alte Schutzmechanismen durch die Therapie unwirksam geworden sind,
- der Abschied von der Therapie.

Insgesamt aber zeigt sich der Erfolg der Therapie dadurch, dass die Gestaltungsmöglichkeiten für das eigene Leben viel variabler und befriedigender geworden sind.

Medikamente – Einsatz, Wirkungen und Nebenwirkungen

Medikamentengruppe	Beispiel	Wirkung	Nebenwirkung	Einsatz bei der Borderline-Störung
Neuroleptika	Haldol® Neurocil®	Die Wirkung der Neuroleptika ist abhängig von deren Potenz. Niederpotente Neuroleptika wirken vor allem sedierend und werden daher als Schlaf- und Beruhigungsmittel eingesetzt. Hochpotente Neuroleptika wirken gegen psychotische Symptome, insbesondere gegen gedankliche Desorga nisation und gegen das so genannte paranoid-hallzunitarorische Syndrom.	Abhängig von der Potenz haben Neuroleptika Auswirkungen auf die Bewegungen. Es kann zu einem künstlichen Parkinson-Syndrom kommen, auch Sitzunruhe und Krämpfe sind möglich.	Bei der Borderline-Störung können die gelegentlich kurzzeitig auftretenden psychotischen Episoden mit Neuroleptika behandelt werden. Eine günstige Wirkung ist aber nur für niedrige Dosen beschrieben. Eine langfristige Behandlung hat nur sehr selten einen Nutzen.
Atypische Neuroleptika	Leponex® Zyprexa® Risperdal®	Atypische Neuroleptika wirken ähnlich wie klassische.	Der Vorteil der atypischen Neuroleptika besteht in der geringen Rate von motorischen Nebenwirkungen. Für einige sind Blutbildveränderung und Gewichtszunahme beschrieben. Keine Abhängigkeit.	Wie bei den typischen Neuroleptika.
Antidepressiva	Saroten® Ludiomil®	Antidepressiva wirken auf Kernsymptome der Depression wie Freud- und Interessenverlust sowie negative Gedanken. Antidepressiva wirken nur, wenn sie ausreichend hoch dosiert werden, und eine Wirkung ist erst nach einigen Wochen zu erwarten. Auch chronische Schmerzzustände können mit AD behandelt werden.	Die Nebenwirkungen sind zwischen den Präparaten unterschiedlich. Häufig sind Kreislaufstörungen und trockene Schleimhäute.	Depressive Verstimmungszustände.

Medikamenten gruppe	Beispiel	Wirkung	Nebenwirkung	Einsatz bei der Borderline-Störung
Serotonerge Antidepressiva	Anafranil® Fluctin® Cipramil®	Serotonerge AD wirken zusätzlich auf Angst- und Zwangssymptome.	Blutdruckkrisen, starkes Schwitzen, Schwindel. Vereinzelt sind Absetzprobleme berichtet worden.	Depressive Verstimmung, Angst, Zwangssymptome, Reduktion von Essattacken bei Bulimie.
Phasenprophylaktika	Hypnorex® Tegretal® Mylepsinum®	Diese Medikamente werden bei der Manie und als vorbeugendes Medikament bei sich wiederholenden affektiven Erkrankungen eingesetzt. Alle Medikamente wirken auch gegen Impulskontrollstörungen und Aggressivität.	Die Nebenwirkungen richten sich nach dem eingesetzten Präparat. Da die therapeutische Spanne gering ist, werden die Medikamente nach Blutspiegel dosiert. Keine Abhängigkeit.	Bei Impulskontrollstörungen, Aggressionen.
Tranquilizer (Benzodiazepine)	Valium® Tavor® Rohypnol®	Tranquilizer wirken beruhigend, schlaffördernd und ausgleichend. Die Wirkung tritt sehr schnell ein und wird in der Regel als angenehm erlebt.	Atemstörung. Tranquilizer verlieren nach längerer Einnahme ihre Wirkung. Abhängigkeitsentwicklung nach längerer Einnahme wahrscheinlich.	Wegen möglicher Abhängigkeit nur Einsatz im Rahmen von Ausnahmezuständen und Notfallsituationen.
Opiatantagonisten	Naltrexon®	Medikament blockiert die Opiatrezeptoren im Gehirn, sodass auch das körpereigene Morphin (Endomorphin) nicht mehr wirken kann.	Bei Opiatabhängigen Entwicklung starker Entzugssymptome.	Bei selbstverletzendem Verhalten (noch nicht offiziell anerkannte Indikation).

Auch wenn viele Aspekte der Borderline-Störung in diesem Ratgeber angesprochen worden sind, kann selbstverständlich nicht alles Eingang in ein solches Buch finden. Viele Teilaspekte sind aber in den Stellungnahmen der Betroffenen enthalten. Diese Stellungnahmen sind selbstverständlich mit Einverständnis in den Text übernommen worden. Dabei hat es nur geringe Korrekturen gegeben. So soll ein realistisches Bild entstehen, auch über Situationen, bei denen Ratlosigkeit vorherrscht. Die Patiententexte sind Ergebnis eines Dialoges, hauptsächlich von Patient*inn*en der Station 12.3 der WKPP Warstein und dem Team der Station. In den Dialogen spiegelt sich die Offenheit wider, mit der viele Betroffene versuchen, sich mit der Störung auseinanderzusetzen. Dies ist keine Selbstverständlichkeit.

Wir alle haben die Arbeit an dem Buch als Bestätigung gesehen, dass die Selbsthilfe bei dieser Störung ein wichtiges Element darstellt und jede Förderung verdient. Und dieses Buch soll dazu ermutigen!

So sind auch wir, am Ende angekommen, ein gutes Stück weitergekommen.

Selbsthilfebogen für Menschen mit Borderline-Störung

Niemand ist psychischen Krisen hilflos ausgeliefert; vielmehr gibt es zahlreiche Einflussmöglichkeiten, um das Ausbrechen, die Dauer und die Folgen von Krisen bzw. schweren psychischen Symptomen zu beeinflussen. Einige Krisen können ganz vermieden werden, andere lassen sich abmildern. Dieser Selbsthilfebogen soll es Menschen mit Borderline-Störungen erleichtern, ihre eigenen Selbsthilfemöglichkeiten zu erkennen und zu nutzen.

Es ist wichtig, sich genügend Zeit für die Bearbeitung dieses Bogens zu nehmen. In der Regel ist es sinnvoll, nicht den ganzen Bogen an einem Stück auszufüllen, sondern ihn mehrmals zur Hand zu nehmen und zu ergänzen. Das Ausfüllen des Bogens soll nur eine Unterstützung sein, um den Prozess des Nachdenkens und Erinnerns zu fördern; er ist keine Versicherungspolice, die man getrost zur Seite legen kann, sondern liefert Anregungen für die tägliche Bemühung um mehr Selbsthilfe und Selbstbestimmung.

Die Bearbeitung dieses Bogens bewirkt ein besseres Verständnis der eigenen psychischen Schwierigkeiten und der Zusammenhänge zu Situationen und eigenem Verhalten. Ohne konkrete Verhaltensänderungen lassen sich psychische Schwierigkeiten meistens nicht ändern, weshalb man am besten sofort damit beginnen sollte. Die Bearbeitung dieses Bogens ersetzt keine Psychotherapie, enthält aber viele Themen, die auch Inhalt einer Psychotherapie sein können. Man kann den Bogen allein bearbeiten, aber auch zusammen mit einem Menschen des

Vertrauens, in einer Selbsthilfegruppe oder gemeinsam mit einem Therapeuten. Dieser Bogen hat keine ewige Gültigkeit, weshalb es sinnvoll ist, ihn gelegentlich zu aktualisieren.

Der Bogen

Wenn es mir durch die Bearbeitung dieses Bogens schlechter gehen sollte, mit wem könnte ich dann sprechen?

Ich nehme mir vor, dann mit .... (Name einfügen) darüber zu sprechen.

Meine seelischen Abwehrkräfte stärken

Ebenso wie sich unsere körpereigenen Abwehrkräfte gegen Krankheitserreger stärken lassen, indem wir uns etwa vitaminreich ernähren, so gibt es auch Möglichkeiten, um unsere psychischen Abwehrkräfte zu stärken. Dies ist gerade für Menschen mit Borderline-Erleben besonders wichtig, da sie lediglich geringe Abwehrkräfte gegen psychisches Leiden haben und deshalb schnell in Krisen geraten. Hier geht es um Fragen wie: Was hält mich gesund? Was schützt mich vor Stress? Wodurch fühle ich mich wohl?

1. Häufig ist es in guten Zeiten relativ leicht, Dinge zu tun, die unser seelisches Gleichgewicht stärken, während uns dies in schlechteren Zeiten gar nicht gelingt, obwohl wir es gerade dann umso nötiger bräuchten. Daher ist es sinnvoll, sich zu fragen: Was gelingt mir in guten Zeiten, wodurch es mir weiterhin gut geht bzw. was mir hilft, mein Gleichgewicht zu bewahren?

....

....

....

....

....

....

....

....

2. Was davon könnte ich vermehrt tun, wenn es mir nicht gut geht?

....

....

....

....

....

....

....

....

3. Was macht mir für gewöhnlich Spaß? Bei welchen Tätigkeiten oder in welchen Situationen geht es mir besonders gut? (Ohne dass es mir nachher umso schlechter geht.)

....

....

....

....

....

....

....

....

4. Was brauche ich für mein seelisches Gleichgewicht unbedingt?
(Hierzu können ganz basale Dinge gehören, wie ein Minimum an Bewegung, Körperpflege, ein Minimum an sozialen Kontakten, Tagesstruktur usw.)

....

....

....

....

....

....

....

5. Durch welches Verhalten könnte ich mein seelisches Gleichgewicht innerhalb kürzester Zeit aus dem Gleichgewicht bringen? Wodurch ist mir das schon einmal passiert?

....

....

....

....

....

....

....

....

Dies also unbedingt vermeiden!

6. Seelisches Gleichgewicht bedeutet Balance. Sie wird häufig gefährdet, wenn wir Menschen zu viel oder zu wenig von etwas tun. Gerade Menschen mit Borderline-Erleben haben große Schwierigkeiten, diese Balance längerfristig aufrechtzuerhalten.

6a. Wovon darf ich nicht zu viel tun?

....

....

....

....

....

6b. Wovon darf ich nicht zu wenig tun?

....

....

....

....

....

Zum Ende dieses Abschnittes:

7. Was nehme ich mir konkret für die nächsten Tage vor, um meine seelischen Abwehrkräfte zu stärken?

....

....

....

....

Belastungen erkennen und vermeiden

Menschen mit Borderline-Erleben neigen dazu, die Grenzen ihrer Belastungsfähigkeit schnell zu überschreiten; zum Teil fällt es ihnen auch schwer, wahrzunehmen, wodurch sie eigentlich belastet oder überfordert sind. Deshalb ist es besonders wichtig, Belastungen zu erkennen, um sie anschließend reduzieren zu können.

8. Wie macht sich psychische Anspannung bei mir bemerkbar? (Es können typische Borderline-Symptome auftreten, aber auch Anzeichen wie Gereiztheit, Konzentrationsschwierigkeiten, Schlafstörungen, Müdigkeit, Unlust, körperliche Anspannung usw.)
Es ist wichtig, auch für Anzeichen leichterer Überforderung bzw. Belastung sensibel zu werden, denn Menschen mit Borderline-Erleben erkennen häufig erst ganz massive Überforderungssignale.

8a. Erste Anzeichen für Belastungen und Überforderungen:

....

....

....

....

....

....

8b. Spätere Anzeichen für Belastungen und Überforderungen:

....

....

....

....

....

....

9. Welche Situationen, Ereignisse, Gedanken belasten mich übermäßig und können meine Symptomatik verstärken oder/und mich eventuell in eine Krise treiben?

9a. *Kurzzeitige* Belastungen, *besondere* Situationen in folgenden Bereichen:

Familie, Bekannte, Freunde, Partnerschaft

....

....

....

....

....

....

....

Freizeit

....

....

....

....

....

....

....

....

Arbeit

....

....

....

....

....

....

....

9b. *Dauerhafte Belastungen* (chronischer Stress):

Familie, Bekannte, Freunde, Partnerschaft

....

....

....

....

....

Freizeit

....

....

....

....

....

Arbeit

....

....

....

....

....

10. Welche Belastungen kann ich heute oder in den nächsten Tagen vermeiden?

....

....

....

....

....

....

....

11. Was muss ich dazu tun?

....

....

....

....

....

....

....

12. Welche Ereignisse, Lebenssituationen, welches eigene Verhalten haben bei mir bisher zu Krisen oder zum intensiven Auftreten von Symptomen geführt?

....

....

....

....

....

....

....

13. Welche Situationen oder welches eigene Verhalten führt bei mir fast zwangsläufig zu einer erneuten Krise oder zum intensiven Auftreten von Symptomen?

....

....

....

....

....

....

....

14. Kann ich diese belastenden Situationen teilweise oder ganz vermeiden? Welche und wie?

....

....

....

....

....

....

....

15. Wenn ich diese belastenden Situationen nicht vermeiden konnte, so muss ich versuchen, in der Situation den Stress zu bewältigen. Wie kann ich also dem Stress entgegenwirken? (Hierher gehören auch ganz basale Stressbewältigungsmöglichkeiten wie etwa ruhiges Atmen, mir positive Sätze sagen, an später denken, den Kontakt zu meinem Körper nicht verlieren.) Ich versuche mich an die letzten belastenden Situationen zu erinnern. Was habe ich getan? Was würde ich von heute aus betrachtet beim nächsten Mal machen?

....

....

....

....

....

....

....

16. Was kann ich *nach der Stress-Situation* tun, um mein Gleichgewicht wiederzufinden? Wie kann ich wieder ruhig werden? Ich versuche wieder, mich an die letzten belastenden Situationen zu erinnern. Was habe ich getan? Was würde ich von heute aus betrachtet beim nächsten Mal machen?

....

....

....

....

....

....

....

17. Welche Strategien haben sich nicht bewährt – weil sie entweder nicht gewirkt haben oder langfristig negative Konsequenzen hatten?

....

....

....

....

....

....

....

Selbsthilfe bei zu starken Gefühlen oder Symptomen

Menschen mit Borderline-Erleben neigen zu starken Gefühlen, die sie nicht kontrollieren können, oder zu häufig wiederkehrenden oder wechselnden Symptomen, die sehr belastend sind. Gefühle und Symptome können immer (!) durch eigenes Verhalten beeinflusst werden, weshalb es wichtig ist, die Zusammenhänge zwischen den auftretenden Gefühlen und dem eigenen Verhalten zu verstehen.

18. Welche *Symptome* möchte ich etwas besser in den Griff bekommen (zunächst ein oder zwei auswählen)?
(Ess-Störung, Selbstverletzung, Suizidideen oder Suizidversuche, Zwangsverhalten, starke Ängste, Depression, vollkommener Rückzug, Suchtverhalten wie Drogen- oder Alkoholkonsum, Sexsucht etc.)

1. ....

....

2. ....

....

19. Welche Strategien habe ich schon einmal eingesetzt, um diese Symptome zum Abklingen zu bringen? Zunächst alle notieren, ohne sie zu bewerten.

....

....

....

....

....

....

20. Welche dieser Strategien waren schon einmal hilfreich, welche nicht?

Hilfreich:

....

....

....

....

....

Nicht hilfreich:

....

....

....

....

....

....

....

21. Von welchen Strategien habe ich schon einmal gehört, welche habe ich mir selbst schon einmal gedacht, die eventuell hilfreich sein könnten?

....

....

....

....

....

....

....

....

22. Welche dieser Strategien möchte ich gerne ausprobieren?

....

....

....

....

....

....

....

....

23. Menschen mit Borderline-Erleben geraten häufig rasch in *starke Gefühle*, die sie überwältigen und die sie kaum noch kontrollieren können. Welche Gefühle sind das bei mir (zunächst ein oder zwei auswählen)?

1. ....

....

2. ....

....

24. Wie habe ich diese Gefühle schon einmal in den Griff bekommen?

....

....

....

....

....

....

....

25. Von welchen Strategien habe ich einmal gehört, von welchen habe ich mir schon einmal gedacht, dass sie eventuell hilfreich sein könnten?

....

....

....

....

....

....

....

....

....

26. Welche dieser Strategien möchte ich gerne ausprobieren?

....

....

....

....

....

Bei Menschen mit Borderline-Erleben kommt es häufig zu schwerem selbstschädigendem oder gefährlichem Verhalten wie Selbstverletzungen, Selbstmordversuche, sich absichtsvoll in Gefahrensituationen bringen usw. Häufig reicht Selbsthilfe nicht mehr aus, um sich vor solchen Situationen zu schützen. Es ist aber möglich, im Vorfeld selbstbestimmt zu entscheiden, welche Unterstützung von außen ich mir wünsche.

27. Was kann ich tun, wenn ich rechtzeitig bemerke, dass ich mich selbstschädigend verhalte?
(Wie kann ich Druck abbauen, ohne mich zu verletzen? Hierher gehören auch Möglichkeiten wie etwa starke körperliche Anspannung, starke Reize wie kräftige Massagen, sehr warmes Duschen, Joggen, auf ein Kissen einschlagen, mit Freunden reden.)

....

....

....

....

....

....

....

....

28. Was werde ich tun, sobald ich das Risiko erkannt habe, dass ich mich bald selbstschädigend verhalten könnte? Etwa: Welche Klinik kann ich aufsuchen, zu welcher Vertrauensperson kann ich gehen oder wen kann ich anrufen?

....

....

....

....

....

....

....

Zum Ende dieses Abschnittes:
Möglicherweise kann es für mich hilfreich sein, wenn ich auf einem Notfallzettel notiere, wie ich mich in einer Krisensituation verhalten möchte. Einigen Betroffenen hilft es, einen solchen Zettel als Erinnerungsstütze ständig in der Brieftasche bei sich zu tragen. Er kann zum Beispiel so aussehen:

NOTFALLZETTEL

In einer Krise nehme ich mir vor, folgende Dinge zu tun:

....

....

....

....

....

....

....

....

Wenn es aufgrund meines selbstschädigenden Verhaltens zu einer Gefahr für meine körperliche Unversehrtheit kommt, werde ich nicht lange zögern und sofort Folgendes tun:

....

....

....

....

....

....

Datum und Unterschrift

Absprachen mit Freunden und Therapeuten

Vor allem Freunde und Bekannte von Menschen mit Borderline-Störung wissen oft nicht, wie sie sich in Krisenzeiten verhalten sollen. Sie sind nicht selten verunsichert und ziehen sich zurück oder verhalten sich auf eine Art, wie sie vom Betroffenen als wenig hilfreich erlebt wird. Nur wer weiß, wie jemand in der Krise behandelt werden möchte, kann sich entsprechend verhalten. Daher sind Absprachen wichtig!

Dabei gilt zu beachten, dass Absprachen immer Kompromisse sind. Der Betroffene sollte zunächst überlegen, welches Verhalten er hilfreich fände, um danach mit seiner Vertrauensperson darüber zu sprechen und sie zu fragen, was sie leisten kann und ob sie eventuell ein anderes Verhalten sinnvoller fände.

Es sollten keine Absprachen getroffen werden, die die Symptome oder Krisen des Betroffenen noch verstärken. Dies kann geschehen, wenn der Betroffene die Reaktion der Umgebung auf ein Symptom als ausgesprochen positiv erlebt, zum Beispiel wenn jemand nur durch ein Symptom Aufmerksamkeit oder Nähe erfährt. Wer diese Neigung bei sich kennt (»Wenn ich möchte, dass mein Partner ganz für mich da ist, muss ich mich in einen Zustand bringen, in dem ich zur Selbstverletzung neige.«), sollte dies mit seinen Freunden besprechen. Manchmal sind sogar Absprachen sinnvoll, bei denen kein positives Verhalten vereinbart wird (»Wenn ich zu selbstverletzendem Verhalten neige, möchte ich nicht, dass mein Partner verständnisvoll reagiert, sondern mir sagt: Du hast dir vorgenommen, dann in ein Kissen zu schlagen. Also tue das jetzt auch. Danach können wir etwas Gemeinsames machen.«)

29. Bei wem kann ich mir Hilfe holen bzw. mit wem kann ich reden, wenn es mir schlecht geht?

....

....

....

....

....

....

....

30. Wie sollen sich meine Freunde, Partner usw. verhalten, wenn folgende Symptome oder Schwierigkeiten auftreten?

Symptom:

....

....

....

Sinnvolles Verhalten meiner Umgebung:

....

....

....

....

....

Symptom:

....

....

....

Sinnvolles Verhalten meiner Umgebung:

....

....

....

....

....

Symptom:

....

....

....

Sinnvolles Verhalten meiner Umgebung:

....

....

....

....

....

....

31. Welches Verhalten meiner Umgebung tut mir überhaupt nicht gut?

....

....

....

....

....

....

32. Mit wem sollte ich besprechen, ob und wie er mich in schwierigen Situationen unterstützen kann?

....

....

....

....

....

....

....

33. Was sollte ich unbedingt einmal mit meinem Therapeuten besprechen, was ich ihm bisher verschwiegen habe oder bisher nie Thema wurde?

....

....

....

....

....

....

....

Der folgende Abschnitt ist für Betroffene gedacht, die in einer schweren Krise eventuell in einer psychiatrischen Klinik behandelt werden und dann unter Umständen nicht mehr in der Lage sind, mitzuteilen, wie sie behandelt werden möchten.

Es kann sinnvoll sein, schriftliche Absprachen zu treffen, wie im Fall einer stationären Behandlung mit jemandem umgegangen werden soll. Dies ist zum Beispiel mittels der sogenannten *Behandlungsvereinbarung* möglich, in der etwa festgehalten werden kann, welche Medikamente eingesetzt oder nicht eingesetzt werden sollen, wer Bezugsperson sein, wie mit Gewaltmaßnahmen verfahren werden soll usw. Eine solche Behandlungsvereinbarung wird direkt mit einer Klinik abgeschlossen. Die nächstgelegene Klinik kann Auskunft geben, ob es dort bereits die Möglichkeit gibt, eine solche Vereinbarung abzuschließen.

Eine andere Form der schriftlichen Willensbekundung ist der *Krisenpass* (www.psychiatrie.de), der auf Ausweisgröße zusammengefaltet in jede Brieftasche passt und der die Behandler im Krisenfall über die Wünsche des Klienten informiert. Ebenso wichtig sind persönliche Absprachen mit Mitarbeitern der Klinik.

Um eine Betreuung zu vermeiden, kann es sinnvoll sein, eine *Vorsorgevollmacht* oder auch eine *Betreuungsverfügung* bei Gericht zu hinterlegen (www.bbh-ev.de oder [www.ruhr-uni-bochum.de/zme/Lexikon/btrindex.htm]). So lassen sich unerwünschte Betreuungen vermeiden bzw. die Sicherheit gewinnen, dass eine gewünschte Person im Fall einer Betreuung eingesetzt wird.

Hilfreiche Fragen können sein: (Diese Fragen dienen auch zur Vorbereitung auf den Abschluss einer Behandlungsvereinbarung und sind teilweise auch Inhalt einer solchen Vereinbarung oder eines Krisenpasses.)

34. Welche Schritte sollen unternommen werden, bevor eine Klinikeinweisung veranlasst wird? Wie können Angehörige und Profis mich eventuell unterstützen, um eine Klinikeinweisung zu vermeiden?

....

....

....

....

....

35. Von wem möchte ich im Notfall in die Klinik gebracht werden? Wie sollte diese Person sich verhalten?

....

....

....

....

....

36. Wie wünsche ich mir eine Behandlung im Krisenfall? Durch welche Institution, welche Profis dort?

....

....

....

....

....

37. Was oder wer tut mir gut in der Krise (z. B. welcher Besuch, welche therapeutischen Maßnahmen, welches Verhalten der Angehörigen)?

....

....

....

....

....

38. Was oder wer schadet mir in der Krise?

....

....

....

....

....

....

In Krisen sollte dieser Bogen für die Betroffenen jederzeit zugänglich sein, damit sie sich leichter darauf besinnen können, was sie sich für den Fall einer Krise vorgenommen haben.

Dieser Selbsthilfebogen entstand mit Unterstützung zahlreicher Mitglieder der Borderline-Community, einer internetbasierten bundesweiten Selbsthilfegruppe für Borderline-Betroffene, die Sie im Internet unter www.borderline-community.de finden.

Der Selbsthilfebogen darf für den persönlichen Gebrauch oder für Selbsthilfegruppen kopiert werden. Andere Vervielfältigungen, insbesondere im therapeutischen Einsatz, bedürfen der Genehmigung durch den Autor Andreas Knuf und den Verlag.

ANDERS, B. (1999): Ich heiße Berit und habe eine Borderline-störung. Düsseldorf.

CLARKIN, J.; YEOMANS, F.; KERNBERG, O. (2000): Psychotherapie der Borderline-Persönlichkeit: Manual zur Psychodynamischen Therapie. Stuttgart.

DEKKERS, H.; LANGERHORST, U.; BECK, D. (1999): Borderline-Erkrankungen. Stuttgart.

GNEIST, J. (2000): Wenn Hass und Liebe sich umarmen: Das Borderline-Syndrom – ein Psychodrama unserer Zeit. München.

KERNBERG, O. F. (1983): Borderline-Störungen und pathologischer Narzissmus. Frankfurt a. M.

KERNBERG, O. F.; DULZ, B.; SACHSSE, U. (2000): Handbuch der Borderline-Störungen. Stuttgart.

KERNBERG, O. F (1995): Konzepte der Psychotherapie von Borderline-Störungen. Heidelberg.

KERNBERG, O. F. (1997): Psychodynamische Therapie bei Persönlichkeitsstörungen. Bern u. a.

KNUF, A. (2006): Leben auf der Grenze. Erfahrungen mit Borderline. Bonn.

KNUF, A.; TILLY, C. (2007): Borderline – Das Selbsthilfebuch. Bonn.

KOTTWITZ, G.; GOOSS, B. (1994): Integrative Transaktionsanalyse: Die Borderline-Persönlichkeit, Störungsbild und Heilungsprozesse. Berlin.

KREISMAN, J.; STRAUS, H. (2000): Ich hasse dich, verlass mich nicht: Die schwarzweiße Welt der Borderlinepersönlichkeit. München.

Leichsenring, F. (2003): Borderline-Stile: Denken, Fühlen, Abwehr und Objektbeziehungen von Borderline-Patienten. Bern u. a.

Linehan, M. (1996): Dialektisch-behaviorale Therapie der Borderline-Persönlichkeitsstörung. München.

Mason, P. T.; Kreger, R. (2005): Schluss mit dem Eiertanz. Ein Ratgeber für Angehörige von Menschen mit Borderline. Bonn.

Masterson, J. F. (1992): Psychotherapie bei Borderline-Patienten. Stuttgart.

Masterson, J. F. (1994): Die Sehnsucht nach dem wahren Selbst. Stuttgart.

Pfeifer, S.; Bräumer, H. (1999): Die zerrissene Seele: Borderline-Störungen und Seelsorge. Haan.

Porder, M. S.; Willick, M. S.; Sander, M. (1994): Abend. Psychoanalyse von Borderline-Patienten. Göttingen.

Röhr, H.-P. (1999): Weg aus dem Chaos. Das Hans-mein-Igel-Syndrom oder Die Borderline-Störung verstehen. Düsseldorf.

Rohde-Dachser, C. (2000): Das Borderline-Syndrom. Bern u. a.

Rosenfeld, H. (1998): Sackgassen und Deutungen: Therapeutische und antitherapeutische Faktoren bei der psychoanalytischen Behandlung von psychotischen, Borderline- und neurotischen Patienten. Stuttgart.

Schneider, A.; Dulz, B. (1999): Borderline-Störungen: Theorie und Therapie. Stuttgart.

Schwartz-Salant, N. (1997): Die Borderline-Persönlichkeit: Vom Leben im Zwischenreich. Düsseldorf.

Sender, I. (2000): Ratgeber Borderline-Syndrom. München.

STAUSS, K. (1993): Neue Konzepte zum Borderline-Syndrom. Paderborn.

STEINER, J. (1998): Orte des seelischen Rückzugs: Pathologische Organisationen bei psychotischen, neurotischen und Borderline-Patienten. Stuttgart.

VOLKAN, V. D. (1996): Eine Borderline-Therapie: Strukturelle und Objektbeziehungskonflikte in der Psychoanalyse der Borderline-Persönlichkeitsorganisation. Göttingen.